당신의 작은 재능이라도 누군가를 돕는다면,
그것이 바로 당신이 있을 곳이다.

;

박세진

영어를 배우고 가르치는 사람.
영어 교육 콘텐츠 제작자이자 유튜브 채널 〈세진쌤〉 운영자.

어린 시절부터 ADHD로 인해 학습 장애, 불안 장애 등으로 학교생
활은 물론 교우 관계와 학업에 어려움을 겪었고, 성장기 내내 힘
든 시간을 보냈다. 학창 시절 그나마 돌파구가 되어준 영어에 매
진한 끝에 한국외국어대학교에서 프랑스어를 전공하고, 동 대학교
TESOL 전문교육원에서 TESOL&TEE Certificate 과정을 수료했다.
본격적인 취업 준비로 다시 공부를 시작하면서 영어의 매력에 푹
빠졌다. 영어의 묘미에 눈뜨게 된 뒤, 영어 때문에 고민하는 많은
사람에게 자신이 축적한 지식과 학습 노하우를 알려주고 싶은 마음
에, 본격적으로 영어 교육 현장에 뛰어들었다. 클래스101 온라인 클
래스에서 초중급자를 위한 스피킹과 비즈니스 영어 과정을 운영하
고 있으며, 26만 구독자를 보유한 유튜브 채널 〈세진쌤〉을 통해 효
과적으로 영어 공부하는 법을 아낌없이 전수하고 있다. 영어뿐만
아니라 프랑스어, 일본어 등 3개 국어에 능통하다. 지은 책으로는
《세진쌤의 바로 영어》가 있다.

마음이 흔들릴 때,
바로 영어 필사

세진쌤의
필사 에세이

마음이 흔들릴 때,
바로 영어 필사

박세진 지음

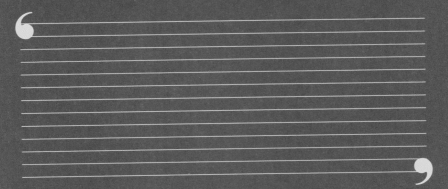

한국경제신문

필사란 변화의 시작이자
내 안에 느리게 새기는 독서다

"여러분, 안녕하세요? 세진쌤입니다."

내가 유튜브 영상 첫머리에 빼놓지 않고 하는 인사다. 누군가 나를 '선생님'이라 불러주는 것이 나는 아직도 조금은 어색하다. 26만 명의 구독자도, 1만 건이 넘는 수강 신청도 모두 실감이 나지 않는다. 학생들에게 이렇게까지 감사의 표현을 들을 정도로 나는 대단한 강의 경력이 있는 사람도 아니다. 솔직히 말하면, 나는 지금까지 수많은 것들을 시도해왔다. 그중에 유독 사람들의 마음을 가장 깊이 이해하고, 어려운 지점을 정확히 짚어낼 수 있었던 일이 있었다. 바로 영어를 가르치는 일이었다. 처음에는 부업처럼 작게 시작했던 일이 어느새 내 인생의 가장 큰 의미가 되었다.

누군가가 나를 영어 강사라고 부를 때 자연스레 떠올리는 이미지가 있다. 많은 사람이 내게 세련된 옷차림에 멋진 유학 생활을 한, 교양이 넘치는 부잣집 딸 같은 이미지라고 말하곤 한다. 나는 늘 '강남에 사는 머리 좋고 똑 부러지는 유학파' 같다는 소리를 들어왔다. 하지만 실제의 나는 그 이미지와는 거리가 멀다.

"선생님, 혹시 〈오은영의 금쪽 상담소〉에 출연해보시지 않겠어요?"

내가 처음 ADHD(Attention Deficit Hyperactivity Disorder, 주의력 결핍 과다 행동 장애) 문제로 방송 제안을 받았을 때, 사실은 꽤 많은 고민이 있었다. 어떻게 보면 숨기고 싶은 내 치부일 수 있고, 영어 강사라는 이미지에 안 좋은 영향을 줄 수도 있었지만, 그럼에도 불구하고 내가 방송에 나가기로 한 건 누군가에겐 내 이야기가 절실히 필요할 것 같았기 때문이다.

나는 다듬어지지 않은 실수와 실패로 가득 찬 삶을 살아왔다. 그리고 어쩌면 그 누구보다도 많이 실패를 겪으며 살아왔다고 생각한다. 내가 '실패'라고 정의하는 것들을 되짚어보면, 아마도 학창 시절부터

일 것이다. 초등학교 고학년, 성적으로 평가받기 시작하던 그 나이 대부터 나는 철저히 학교에서 소외되고 친구들에게서 배척받았다. 하지만 어쩔 수 없었다. 나는 어릴 때부터 ADHD를 앓았고, 그것도 중증이었다. 내가 가진 이 장애는 단순히 '산만하다'거나 '주의력이 부족하다'라는 말로 설명될 수 없는 것이었다.

"상처가 많아요. 상담을 받는 게 좋겠어요."

오은영 박사님과 처음 방송 촬영을 하고 박사님께서 내게만 조용히 해주신 말씀이 기억난다. ADHD는 단순한 성향이 아니다. 그저 '조금 집중력이 부족하다'라는 말로 가볍게 이야기할 수 있는 그런 것이 아니다. 그것은 말 그대로 한 사람의 삶을 무너뜨릴 수도 있는, 참으로 불행한 장애다. 방송에서도 털어놓았지만 사실 우리 엄마, 아니 우리 부모조차도 내가 이 정도의 성취를 이루리라고는 전혀 예상하지 못했다.

주의력 결핍이나 과잉 행동으로 인한 일상의 차질, 대인 관계의 어려움 등은 실제로 ADHD 환자들이 흔히 겪는 어려움이다. ADHD를 가진 성인은 일터에서의 근속 기간이 그렇지 않은 다른 성인들에 비해 현저히 짧으며, 기타 다른 정신 장애, 특히 우울이나 약물과 알콜에 대한 의존증을 가졌을 확률 역시 높다. 포털을 검색해보니 아래와 같은 문제를 직장 내에서 겪는다고 한다.

> 직장에서의 주의력 문제(업무 실수, 기한 준수 어려움)
> 감정 조절 및 대인 관계 어려움
> 장시간 반복 업무에 대한 적응 어려움
> 고용주 및 동료의 이해 부족

이렇게 글로 써놓으니 어떤 개선 가능성이 있는 단순한 문제처럼 느껴지지만, 이것은 마음만 먹으면 쉽게 고칠 수 있는 종류의 문제가 아니다. 우리 중 대다수가 100미터를 10초에 뛸 수 없듯, 이 질병을 갖고 살아온 사람들에게 있어서 평범하고 성실한 일상은 정말 어려운 문제처럼 다가온다.

물론 세상에는 나보다 훨씬 더 훌륭하고 성공한 사람들이 많다. 하지만 나를 낳고 키운 부모조차도, 그리고 나 자신조차도 지금의 내가 이렇게까지 멀리 올 수 있으리라고는 상상조차 하지 못했다. 이럴 정도니 내 상태가 얼마나 심각했는지 짐작이 될 것이다. 솔직히 나도 동의한다. 앞으로 차차 이야기하겠지만, 나는 정신적으로도, 경제적으로도, 그리고 인간에게 필요한 모든 자질(성실함, 책임감, 목표 의식 같은 것들)을 종합적으로 따졌을 때 정말이지 바닥이었다. 말 그대로 하위 10퍼센트, 사회에서 가장 낮은 곳에 속한 인간이었다.

그 누구도 나에게서 밝은 미래를 기대하지 않았던 때가 있었다. 속된 말로 나 같은 애는 그냥 남자 잘 만나서 시집이나 잘 가면 다행이라는 생각들을 했을 것이다. 그리고 사실 그 말에 대해 굳이 반박하고 싶지도 않다. 왜냐하면 나 역시도 나 자신을 그렇게 평가하고 있었기 때문이다. 남들이 나를 어떻게 보든, 내가 나 자신을 믿지 못하는 한 그들의 평가와 내 생각은 별반 다르지 않았다.

하지만 나도, 그들도 모두 틀렸다. 나는 내가 가야 할 길을 홀로 개척하듯 걸어왔고, 그 와중에 수천 번 넘어지고 다쳤으나 분명한 건 다시 일어났다는 것이다. 넘어져서 한동안 움직이지 못했고 앞으로 나아가지 못해서 포기한 것처럼 보이는 순간도 있었지만, 나는 어떤 것이든 지팡이 삼아 다시 일어났다. 그리고 곰곰이 생각해보니 힘들 때마다 나를 일으켜준 것은 그 무엇도 아닌, '책'이었다. 학업의 실패, 취업의 실패, 사업의 실패 그리고 사회적 대인 관계의 실패. 이 모든 것이 아무리 나를 괴롭게 해도 책은 늘 내게 말해주곤 했다.

"반드시 방법은 있다."

프롤로그

이 책을 통해 그 방법들에 대해 이야기하려고 한다. 나는 사실 어쩌면 이러한 방법들을 일찍이 알고 있었는지도 모른다. 그동안 수많은 책을 읽으며 얻은 통찰과 영감이 결국 어릴 적 배웠던 속담과 고전, 명언과 맞물려 있다는 것을 뒤늦게나마 깨달았기 때문이다. 어릴 적 옛사람들의 말이라고 무심코 흘려들었던 이야기 속에 내가 살아오면서 느끼고 체화한 통찰이 전부 함축적으로 담겨 있었다. 아무리 시대가 변했다 하더라도 인간의 본질과 삶의 구조는 근본적으로 변하지 않기에, 고전의 힘이 현대까지 강하게 적용되고 있는 것이 아닐까? 진부하게 들리겠지만, 진부하다는 것은 여러 번 반복되었다는 것이고, 그것은 역설적으로 그 효과를 증명하는 것이다.

처음으로 내 이야기를 진솔하게 풀어내는 이 글을 쓰기까지 참 많이 망설였다. 하지만 결국은 누군가에게는 필요한 말들이라고 확신했다. 인생을 살아가면서 막막한 순간마다 다급함과 절실함 속에서 내가 가장 큰 도움을 받은 방법은, 곁에 두고 즐겨 봤던 책과 힘들 때마다 그 문구를 노트에 반복해서 쓰는 일이었다. 10년 넘게 사회생활을 하면서 더욱더 노트와 펜을 의지하고 찾게 되었다. 필사의 진정한 힘을 더욱 깊이 경험하게 된 것이다. 내가 고전에서 접한 여러 말들을 통해 힘을 얻고 다시 일어날 수 있었던 만큼, 내 삶에 영감을 주었던 필사 문장들을 모아서 소개하고자 한다.

지금 우리 사회에서 가장 필요한 말은 "궁즉변 변즉통(窮則變 變則通)"이 아닐까 싶다. 영어로 번역하면 "The only constant is change". 즉 '변화만이 유일한 상수'라는 뜻이다. 지금 우리는 어느 때보다 크고 담대하게 변화해야 한다. 글을 쓰고 있는 나 역시 마찬가지다. 많은 학생들이 내게 비슷한 고민을 털어놓는다. 공부를 열심히 해서 좋은 대학에 가고, 그 후 대기업에 입사해 월급을 저축해 부동산으로 돈을 벌고, 자산을 증식시키고, 그것이 나라는 존재의 가치를 증명하고 자식들을 대대손손 훌륭히 살게 해줄 수 있을 거라는 믿음이 흔들릴 때, 이제 그런 시대가 지나가고 있는 것에서 불안감이 밀려올 때, 우리는 무엇을 해야 할까? 그것은 바로 변화다.

나 역시 예전의 나와 비교하면 엄청나게 많은 변화를 거듭해왔다. 여전히 ADHD를 겪고 있지만, 루저였던 학생이 아닌 많은 수강생을 돕는 영어 강사, 아니 누군가에게 자신의 꿈을 이루는 데 적잖게 도움을 준 사람으로 기억되기 위해 노력해왔다. 그리고 지금 이 순간도 항상 처음부터 다시 시작하는 마음으로 나 자신을 돌아보려 애쓰고 있다.

변화는 스스로를 처음부터 다시 살펴보는 것에서 시작해야 한다. 이때 변화라는 것은 남들과 같이 멋지고 유능하게 능력을 갖추는 것을 의미하지 않는다. 바로 다른 이들의 시선, 또는 사회적 트렌드와는 전혀 관련 없는, 나 자신의 사소한 부분부터 있는 그대로 발현시키는 것을 말한다. 이 변화에 성공한 사람은 자연스럽고 편안한 마음으로 속세적인 성공을 향해 묵묵히 걸어가게 된다. 그리고 그 과정에 있는 내가 깨달은 것이 있다면, 한 인간이 가진 잠재력을 100퍼센트 발휘하는 성공은 '지·천·인'이라는 시스템 안에서 정확하게 구동된다는 것이다.

지(地): 첫 번째는 타고난 형세다. 형세라는 것은 내가 타고난 모든 것이다. 내게 주어진 바꿀 수 없는 그 모든 것들을 형세, 즉 '지'라고 한다. 바꿀 수 없다면 그것을 있는 그대로 인정할 줄 알아야 한다. 나 자신을 먼저 잘 알아야 할 것이다.

천(天): 두 번째는 운이다. 운은 계절과 같아서, 누구에게나 한 번쯤은 행운의 여신이 와준다. 인생에서 내게 찾아오는 좋은 기회, 그것을 '천'이라고 한다. 그 기회를 놓치지 않으려면, 나 자신에 대해 알고 준비가 되어 있어야 할 것이다.

인(人): 세 번째는 행동하는 노력이다. 그것을 '인'이라고 한다. '지'를 파악하지 못하고, '천'이 없는 노력은 마른 우물을 영원히

파는 것과 같다. 나 자신을 잘 알고 내게 온 기회를 잡으려 할 때, 비로소 나의 노력은 빛을 발하게 될 것이다.

이 책이 여러분들에게 변화의 시작이 되길 바란다. 그 여정을 돕기 위해 미래를 비관하지 않고 앞으로 나아가게 해준 내 뼈아픈 경험들과 지금껏 나를 버티게 하고 있는 힘, 즉 내가 의지하고 있는 삶의 방법을 심어준 문장들에 대해 이야기할 것이다. 먼저 자기 자신을 잘 파악하고(지), 자신을 돕는 행운을 깨닫고(천), 행동하고 노력할 수 있도록(인) 이 책을 구성했다. 동양 철학 문장들은 한자 원문 그대로를 담되, 같은 뜻을 담은 영어 문장들을 함께 첨부했다.

이 프롤로그의 제목처럼 필사는 또 다른 형태의 '독서'다. 아주 느리게 읽고 문장을 따라 적으면서 내면에 깊이 새기는 것이다. 그렇게 하다 보면 그 뜻을 무의식에 체화할 수 있고, 영어라는 언어에 대한 두려움도 어느 정도 사라지게 될 것이다. 하루의 끝에 차분히 한 문장을 따라 적으며 느끼는 작은 성취와 여유는 심리적 안정감을 선사할 것이다. 또 그럼으로써 하루 동안 나를 괴롭히던 복잡한 생각도 정리해볼 수 있을 것이다. 필사를 하며 마음의 평화를 되찾고 나 자신의 진짜 감정과 마주할 수 있는 이 시간을 통해 여러 고전 속 영어 문장은 점차 내면화되고, 자신의 언어로 재해석될 것이다.

이 책이 단순한 영어 공부 이상의 동기부여와 위로를 전하는 경험이 되기를 바란다. 모든 노력과 운이 존재 자체와 딱 맞아떨어져, 여러분이 원하는 바를 이룰 그날이 반드시 올 것이라 확신한다.

마음이 흔들릴 때, 바로 영어 필사
차례

PART 1 | 나를 알다: 지(地)
Talent is What You Find

PART 2 | 때가 오다: 천(天)
Luck is What You're Given

PART 3	노력하고 행동하다: 인(人) Effort is What You Make

TALENT is
What You Find

나를 알다

地 (지)

중증 ADHD에 학습 장애까지, 자신을 완벽하게 혐오하다

내 인생이 본격적으로 꼬이기 시작한 것은 사춘기가 시작되면서부터였다. 중학교 2학년 어느 날의 수업 시간, 나는 국어 선생님이 내게 다가오고 있는지도 몰랐다. 갑자기 다가온 그는 무작정 나를 일으켜 세웠다. 오래된 책상 위에 갈라진 페인트 껍질을 한참 벗기고 있던 나는 영문도 모르고 그가 날린 주먹에 무차별적으로 머리를 맞을 수밖에 없었다. 이게 무슨 일인지 깨닫기도 전에 그는 내 머리를 쳐서 교실 뒤의 사물함까지 밀고 나갔다. 더 이상 밀려날 곳이 없어진 나는 그가 내리치는 주먹의 충격을 그대로 받아낼 수밖에 없었다.

이것이 내가 가지고 있는 내 중학교 시절의 가장 인상 깊은 기억이다. 내가 학교를 다닐 때만 해도 선생님들의 권위는 지금과는 사뭇 달랐다. 그렇기에 누군가에게는 이런 일이 다소 충격적일 수도 있겠지만 당시의 내게는 일상이었고, 폭력과 다그침에 대한 역치가 높아진 나는 무표정하고 담담하게 그의 주먹세례를 받아낼 수 있었다. 물론 나도 사람이고 아픔을 느끼는데, 미운 마음이 왜 없었겠는가. 하지만 한편으론 그 선생님이 이해되는 부분도 있었다.

일단 지금 생각해보면 나는 학교에서 생활 태도가 굉장히 불량한 학생이었다. 아침에 늦게 일어나기 일쑤여서 늘 아홉 시가 다 돼서야 스르륵 뒷문을 열고 교실로 터벅터벅 걸어 들어갔고, 숙제라고는 제때에 제대로 제출한 적이 없었다.

하루는 수행 평가를 위한 과제를 제출해야 하는 날이 있었는데, 그 수행 평가라는 것이 바로 지금까지 나눠줬던 프린트물을 전부 모아서 한 파일에 끼워 제출하는 것이었다. 이렇게 간단한 과제였는데도 평소에 그 프린트물을 정리해두지 않았던 나는 당황했고, 급한 김에 사물함을 열었다. 그곳엔 언제 어디서 받았는지 모를 수많은 갱지로 된 수업용 프린트물과 과자 봉지, 고장 난 우산, 수저통 등 정체 모를 쓰레기들이 가득 뒤섞여 있었다. 그 안을 정리하려면 족히 한 시간은 걸릴 것처럼 보였고, 도무지 엄두가 나지 않았다. 그 상태로 망연자실하게 사물함을 보고 서 있던 내게 언제 교실에 들어왔는지 모를 담임 선생님이 다가와 말했다.

"넌 사물함도 꼭 너같이 해놨구나."

순간 그 말이 곧 나를 정의하는 말처럼 들렸다. 나는 이 사물함처럼 엉망진창으로 뒤엉켜 있는 사람이구나. 하지만 반박할 수가 없었다. 그의 말이 맞다고도 생각했다. 열다섯에서 열여섯 살, 내가 보통의 아이들과는 조금 다르다는 사실과 이런 나를 받아줄 수 있는 세상이 없다는 것을 직감적으로 알아가던 그때의 내 마음속에는 '쓸모없는 나'에 대한 분노와 슬픔이 가득 들어차 있었다.

그런데 갑자기 문득 참을 수 없는 불덩이가 가슴속에서 끓어오르는 것을 느꼈다. 내가 수업 태도가 불량하다고 해서, 공부를 못한다고 해서, 나의 사물함이 엉망진창이라고 해서, 담임 선생님인 그가 나를 인격적으로 모독할 권리가 있을까 하는 반발심이 고개를 들었다. 나는 눈을 치켜뜨고 담임 선생님에게 처음으로 대들었다. 고성과 막말이 오갔고, 결국 나는 그날 강제 하교를 당했다.

다들 수업 중인 시간이었으니 집으로 걸어가는 길이 평소와 다르게 고요했다. 다행히 그 짧은 고요는 내게 생각보다 많은 안정을 가져다줬다. 하지만 집에 도착했을 때 담임 선생님이 엄마에게 전화를 해 나를 정신병원에 데려가라고 했다는 말을 듣게 되었고, 다시 한번 부아가 치밀어 결국엔 눈물을 쏟고 말았다. 내가 무엇을 그토록 잘못했는지 알 수가 없었다.

당연히 내가 고의로 잘못을 저지른 것은 아니었다. 나는 태어날 때부터 중증의 ADHD를 가지고 살아왔다. 이 병은 뇌의 전두엽 기능의 부진이 원인이라, 강박증과 불안증을 거의 모든 경우에 동반한다. 머릿속은 모터가 돌아가듯이 산만한데 가슴속에는 불안의 불씨가 들어차 있는 것이다. 그래서 선생님과도 고성을 지르며 싸울 만큼 폭발적인 감정을 표현하기도 하고, 자신도 모르게 이해할 수 없는 강박적 행동들을 계속하기도 했다. 영문도 모른 채 뭘 어디서부터 어떻게 정리해야 할지 모르는 엉망진창인 상태. 그것이 바로 나였고, 이 모든 증상을 갖고 학교라는 사회에 내던져지면 십중팔구 나와 같은 학창 시절을 보내게 된다.

요즘은 ADHD가 사회적으로 대두되기도 했고 여러 가지 치료법이 대중화되었지만, 내가 어릴 때만 해도 그것은 대부분의 사람이 한 번도 들어본 적 없는 생소한 병명이었다. 유전적인 요인이 강한 ADHD 특성상 어린 시절에 증세가 나타남에도, 나 역시 이 병에 대한 제대로 된 병명을 성인이 된 후에야 정확히 알았다.

고생이라고는 모르던 우리 부모님에게 나라는 존재는 인생에서 가장 큰 시련이자 도전이었을 것이다. 특히나 아이 셋보다 키우기 어렵다는 ADHD 아기가 당첨되었으니, 지금 생각해보면 엄마는 단 한 순간도 쉴 수가 없었을 것이다. 샤워할 때, 설거지할 때조차 늘 안고 있어야 했고, 그럼에도 끊임없이 울어대던 아기. 분유 값을 벌기 위해 남편이 출근한 뒤 엄마는 혼자 남아 이 아기와 하루 종일 사투를 벌였을 것이다.

1990년 대전시 태평동의 한 골목, 그 단칸방에서 누구 하나 도와줄 사람도, 아무것도 없는 상황에서 나를 키우다가 우울증에 걸려버린 엄마와 어느 날 갑자기 두 식구를 먹여 살리는 가장이 되어버린 아빠와 그리고 영문 모를 괴로움에 단 한시도 가만있지 못하는 나까지…. 단 하루도 바람 잘 날이 없는 시간을 보내고 있었을 것을 생각하면 지금도 마음 한구석이 먹먹해진다.

;

지금 와서 돌이켜보면 나는 잘못한 것이 전혀 없다. 내가 한국에서 태어난 여성인 것처럼 나는 그저 ADHD라는 질병을 가지고 태어났을 뿐이다. 인간의 노력은 타고난 환경을 이기기에는 역부족일 때가 많고, 이 지점에서 때로는 세상이 불공평하다고 느낄 수 있다. 하지만 지금은 그것들이 내게 불행하기만 한 일이었다고 생각하진 않는다. 사회에서 철저히 아웃사이더가 되어 비에 젖은 새처럼 간신히 세상을 날았던 경험은 지금의 내게 쉽게 쓰러지지 않는 원동력이 되어주었다. 그렇기에 나 자신을 있는 그대로 되짚는 작업은 무척이나 중요하다. 우리는 인생이 던지는 어떤 어려움도 이겨낼 힘이 있다. 다만 그것의 전제 조건은 나 자신을 정확하게 알아야 한다는 것이다. 현재 가진 조건들을 하나씩 살펴보는 것, 그것이 전제다. 그 어떤 조건도 100퍼센트 좋거나 나쁘지 않다. 다음의 필사 문장들을 통해 여러분도 자기 자신을 잘 들여다보고, 스스로를 인정해주는 시간을 가지길 바란다.

If you're not going to use it, give it to me.
I'm bloody brilliant at this.

안 쓸 거면 나 줘.
나 이거 진짜 끝내주게 잘 다룰 수 있어.

《해리 포터와 죽음의 성물(Harry Potter and the Deathly Hallows)》

《해리 포터와 죽음의 성물》에서 내가 꼽은 가장 멋지다고 생각하는 말이다. 이 장면은 이 야기의 마지막 부분에 나오는데, 론이 친구들과 함께 볼드모트를 물리친 후에 강한 사람만 이 다룰 수 있는 '마법의 지팡이'를 자신이 갖겠다고 말하는 상황이다. 항상 해리 포터의 그 림자에 가려져 열등감을 가지고 있던 론이 더 이상 열등감을 느끼지 않고, 자신도 포터와 동등하게 '가치 있고 나름의 능력이 있는 사람'이라는 걸 깨달은 것이다. 나는 이 한 줄에서 론이 자신의 정체성을 찾기 위해 얼마나 많은 고민을 해왔는지를 뒤늦게나마 눈치챌 수 있 었고, 큰 감동을 받았다.

If you're not going to use it, give it to me.
I'm bloody brilliant at this.

天生我才必有用.
(천생아재필유용)

하늘이 나를 이 세상에 태어나게 한 것은 반드시 쓸모가 있기 때문이다.

이백(李白)

- -

Heaven did not bring me
into this world for nothing,
so my worth will always be recognized.

내가 태어난 것은 이유가 있으며, 내 재능은 반드시 가치가 있다.

당나라 시인인 이백의 말이다. 동서양을 불문하고 조상들은 자신의 '재주'를 찾아내는 것이
인생을 가장 즐겁고 현명하게 살 수 있는 방법이라는 걸 깨달았던 것이다.

Heaven did not bring me into this world
for nothing, so my worth will always be
recognized.

Do not fight your thoughts.
Observe them, embrace them, and let them go.

생각을 멈추려 하지 마라.
그것을 지켜보고, 받아들이고, 그리고 흘려보내라.

부처(Buddha, 부처의 불교 사상을 재해석한 말)

지금 이 순간의 내 생각과 감정을 살펴보는 것만큼 현재의 나를 잘 알 수 있는 방법은 없다.
우리는 생각이 만들어내는 온갖 스토리와 드라마에 빠져든 나머지, 생각에 본질적으로 실
체가 없다는 사실을 잊게 된다. 그렇다면 실체도 없는 주제에 내 의식을 빼앗고 있는 그것
이 무엇일까? 어쩌면 나는 그것에 휘둘리고 있는지도 모른다.

Do not fight your thoughts.
Observe them, embrace them, and let them go.

執一而萬事畢.
(집일이만사필)

하나를 제대로 붙잡으면 모든 일이 해결된다.
노자(老子, 노자의 도가 사상에서 비롯된 말)

- -

Do not strive to be well-rounded.
Instead, be the best at something.

다재다능하려고 애쓰지 마라.
대신, 어떤 한 분야에서 최고가 되어라.

우리는 학교 다닐 때부터 모든 과목에서 백 점을 맞는, 그야말로 모든 것을 잘하는 육각형
인재를 최고로 여긴다. 그래서 때때로 사람들은 자신이 잘하는 것은 그대로 두고, 못하는
것을 발전시키려 돈과 시간을 투자하곤 한다. 하지만 나는 확실하게 말할 수 있다. 자신의
강점을 집중적으로 키우면 나머지 약점은 자연히 보완된다. 장점을 살리면 특별해지고 단
점을 보완하면 평범해진다.

Do not strive to be well-rounded.
Instead, be the best at something.

勝者先勝而後求戰, 敗者先戰而後求勝.
(승자선승이후구전, 패자선전이후구승)

승자는 먼저 이길 준비를 한 후 전쟁을 치르지만,
패자는 먼저 전쟁을 시작한 후에야 승리를 구한다.

《손자병법(孫子兵法)》,〈군형편(軍形篇)〉

Winners prepare before they fight,
losers fight first and hope to win.

승자는 먼저 이기고, 패자는 먼저 싸운다.

승자는 먼저 환경을 분석하고 준비한 후 싸우지만, 패자는 먼저 싸우고 나서 승리를 구한다. 즉 현재 주어진 조건을 분석하고 활용하는 것이 중요하다.

Winners prepare before they fight, losers fight first and hope to win.

不戰而屈人之兵, 善之善者也.
(부전이굴인지병, 선지선자야)

싸우지 않고 적을 굴복시키는 것이 가장 훌륭한 승리다.

《손자병법》, 〈모공편(謀攻篇)〉

The greatest win takes no force at all.
Fight only where you stand as
the strongest of all.
Which battle to join is yours to decide.

최고의 승리는 에너지를 쓰지 않는 것이다.
당신 자신에게 최고의 무기가 되는 싸움에만 참여해라.
어떤 싸움에 참여할지는 오직 당신의 선택이다.

아무 전장에나 나설 필요가 없다. 이길 수 있는 판을 준비하고, 그때 조용히 나서는 것이 지혜다. 전투보다 중요한 건, 언제 싸울지를 아는 눈이다.

The greatest win takes no force at all.
Fight only where you stand as the strongest of
all. Which battle to join is yours to decide.

A wise person understands themselves and makes choices based on their abilities and nature. Living a good life means becoming the best version of yourself, which happens when you follow reason.

지혜로운 사람은 자신이 누구인지 알고,
자신의 강점에 맞춰 인생을 선택한다.
좋은 삶이란 논리적 이성에 근거해
자신이 할 수 있는 최선을 다하는 것이다.

아리스토텔레스(Aristotle)

내가 누구인지 아는 순간, 걸어갈 길이 보인다. 잘하는 일을 꾸준히 해내는 사람에게 삶은 길을 내어준다. 진짜 행복은 스스로에게 솔직한 길 위에 있다.

"

A wise person understands themselves and makes choices based on their abilities and nature. Living a good life means becoming the best version of yourself, which happens when you follow reason.

知之者不如好之者.
(지지자불여호지자)

아는 사람은 좋아하는 사람만 못하다.
《논어(論語)》

Knowing is good, but loving is best.
Loving is great, but talent beats the rest.
Talent brings speed,
and speed makes you outstanding.

아는 것은 좋지만, 사랑하는 것이 가장 좋다.
사랑하는 것도 훌륭하지만, 재능은 나머지를 능가한다.
재능은 속도를 불러오고,
속도는 당신을 탁월하게 만든다.

인간은 자신이 잘하는 것을 좋아하게 되어 있다. 내가 잘하는 것이 무엇인지 샅샅이 살펴
보자. 그것이 아무리 당장의 현실적인 이득과 관련이 없어 보여도 그것을 발전시켰을 때에
는 다를 수 있다. 내가 잘하는 걸 알아내는 것은, 그것을 갈고닦아 세상에 내놓는 것보다 더
오랜 공이 들어가는 작업이다.

He who has a why to live can bear almost any how.

삶의 이유를 가진 사람은 어떤 상황도 견딜 수 있다.

프리드리히 니체(Friedrich Nietzsche)

여기서 말하는 '삶의 이유'는, 자신만이 해낼 수 있고 또 남보다 잘하며 노력하고 싶은 일을 말한다. 이것을 발견한 사람은 힘든 상황에서도 포기하지 않는다. 자신에 대한 믿음이 무의식 속에 단단히 뿌리박혀 있기 때문이다. 나 자신을 믿는다는 것은 얼마나 '마음을 먹는지'에 대한 문제가 아닌, 얼마나 많은 '경험을 했는지'의 문제인 것이다.

"

He who has a why to live can bear almost any how.

塞翁之馬.
(새옹지마)

변방에 사는 노인의 말.
《회남자(淮南子)》, 〈인간훈(人間訓)〉

A lost horse may show the way,

A fragrant lemon may taste of gray.

Fortune and sorrow wear a disguise,

Only time unveils the wise.

잃어버린 말이 길을 열어줄 수도 있고,
향기로운 레몬이 쓴맛을 낼 수도 있다.
행운과 불행은 모습을 감추고 다가오니,
오직 시간이 그 답을 알려준다.

'새옹지마'는 한 노인이 기르던 말이 도망쳤지만, 결국 더 좋은 말을 얻었고, 그 말로 인해
아들이 다쳤지만 전쟁에 나가지 않아 목숨을 건졌다는 이야기에서 유래되었다. 인생은 한
치 앞을 예측할 수 없으며, 내게 일어난 그 일이 좋은 일이었는지 나쁜 일이었는지는 시간
이 지나서야만 알 수 있다.

; 왜 나라는 아이는
잠시도 행복할 수 없을까?

다시금 짚고 넘어가자면, 나는 내가 남보다 얼마나 더 힘들게 살아왔는지에 대한 하소연을 하려는 것이 아니다. 다만 내가 타고난 환경과 조건을 객관적으로 되짚으며, 그것이 내게 어떤 영향을 미쳤는지 살펴보고자 한다. 이는 나 자신을 제대로 직면하는 데 큰 도움이 되는 과정이었기 때문이다. 혹시 독자들 중에 과거의 기억으로 괴로운 사람이 있다면 내 이야기 방식을 따라 스스로의 과거를 객관적으로 그려나가보는 것도 도움이 될 것이다.

앞서 언급했듯이 나는 부모님의 한없는 사랑은 받았지만, 앞으로의 인생에 필요한 전문가의 적절한 조치로 행동을 교정받기에는 어려운 환경에서 자랐다. 정해진 수순처럼 영아기 때는 끊임없이 울어댔고, 유아기 때는 잠시도 가만있지 않았다. 엄마는 경찰서에 신고하고, 아파트 전체 방송을 하기도 하며 나를 찾아다녔다. 나는 그저 내 마음속 정체 모를 폭주 기관차를 감당하기 힘들어 날뛰는 아이였다. 하지만 그 시간들이 앞으로 다가올 '학령기'에 비하면 천국 같은 시간들이었다는 것을 당시의 내가 알 리 없었다.

조금 더 커서 초등학교에 들어가서는 반 친구들에게 심한 장난을 치고, 과격하게 감정을 표현해 훼방을 놓고, 수업 시간에는 큰소리로 흐름을 깨는 등 ADHD를 가진 아동의 전형적인 증상으로 다른 사람들의 눈총을 사기 시작했다. 초등학교 고학년이 되고 중학교에 들어갈 즈음 나는 친구 하나 없는 외톨이였고, 선생님들에겐 골치 아픈 기피 대상이었다. ADHD를 가진 아이에게 성실성이나 사회성 같은 것은 감히 욕심낼 수 없는 사치와도 같았다.

성인이 되어 스스로 정신의학과를 찾아가 중증 ADHD와 공황 장애라는 진단을 받기 전까지 나는 무엇이 그토록 나를 괴롭히는지조차 알지 못했다. 나는 왜 수업 시간에 다른 아이들처럼 차분히 수업을 듣지 못하고 낙서를 하는 데에 정신이 팔려 있을까? 왜 책상 위에 벗겨져 올라온 페인트 껍질을 모두 떼어야만 직성이 풀릴까? 나는 왜 다른 아이들처럼 프린트물을 한데 모아 제출하기만 하면 되는 그 간단한 수행 평가에서 한 번도 점수를 받지 못했을까? 나는 왜 친구들과 잘 지내지 못할까? 왜 머릿속의 모터와 가슴속 불덩이가 잠시도 쉬지 않고 나를 괴롭히는 걸까?

사춘기에 접어들자 나는 그저 자기 감정 하나 주체 못 하는 남들보다 열등한 내가 싫었고, 다른 이들과 평범하게 어울리지 못해 외로웠다. 그리고 그 와중에 가장 슬펐던 것은 아무도 내가 왜 이런 행동을 하는지 이해하거나 알려고 들지 않는다는 것이었다. 그때 나를 좀 더 섬세하게 관찰하고 이해해주는 이가 단 한 사람이라도 있었더라면…. 더러워진 교복을 입고 혼자 하교하던 나는 안 그런 척했지만 누군가가 내 손을 잡아주기를, 한 번쯤 어떻게 하면 이 상황을 벗어날 수 있는지 내게 말해주기를 간절히 바랐던 것 같다.

고등학교에 올라가서는 문제가 더 심각해졌다. 나이를 먹어가면서 충동성과 공격성을 가진 행동은 조금씩 줄었으나, 그것들이 고스란히 생각으로 옮겨갔다. 남이 볼 때는 그저 가만있는 것처럼 보였겠지만, 내 머릿속은 매초마다 수없이 떠오른 많은 생각으로 뒤엉켜 있는 상태였고, 그것들을 처리하느라 학업에 집중할 에너지는 늘 남아 있지 않았다. 단순히 공부뿐만 아니라 학교라는 작은 사회 속에서 지켜야 할 작은 규칙들조차 내겐 버거웠다.

하루는 쉬는 시간 종이 친 후에 화장실을 다녀오느라 느릿느릿 교실로 걸어가고 있었다. 그때 마침 우리 반 수업 예정이었던 문학 선생님이 복도 맞은편에서 걸어오고 있었다. 평소에 나를 마음에 들어하지 않았던 그 선생님은 나를 보자마자 빨리빨리 다니라며 질책했다. 그날따라 나 역시 기분이 좋지 않았던 터라, 그러거나 말거나 그 선생님을 쳐다보지도 않은 채 천천히 교실로 들어와 자리에 앉았다. 그 순간 내가 반항을 한다고 생각했는지 그가 별안간 화를 내며 나를 일으켰다. 그러고는 내 교복 깃을 잡고 학년 교무실로 나를 끌고 갔다.

그는 그곳에서 배며 머리며 할 것 없이 내게 주먹과 발길질을 내질렀다. 여느 때와 같이 체벌에 익숙해 있던 나는 고개를 숙인 채 그대로 맞고만 있었다. 뒷짐을 진 채 항상 성경책을 끼고 다니던 사람 좋은 할아버지와 같은 인상이었던 60대 남성이 전혀 다른 모습으로 돌변해 내게 무차별적인 폭력을 휘두르는데도, 속수무책으로 그저 당할 수밖에 없었다. 그 어떤 분노도 생기지 않았다. 나는 이런 폭력을 당해도 싼 사람이고, 매사에 한 인간으로서의 나의 몫을 해내지 못하고 있다는 생각이 들었다. 항상 머릿속에서 시끄럽게 맴도는 생각들과 알 수 없는 무기력으로 모든 것이 엉망이었다.

나도 차라리 다른 아이들처럼 평범하게 밖으로 나도는 비행 청소년
이 되고 싶었다. 나도 다른 아이들처럼 연예인에 모든 인생을 바쳐
열광하는 빠순이가 되고 싶었다. 공부를 잘하건 못하건, 집이 부자
건 아니건, 이런 내외부적 환경 요소들이 전부 무색해질 만큼 그저
무난하고 평범하게 살아가는 사람들이 부러웠다. 내게는 이른바 질
나쁜 친구들과 밖으로 나돌며 어울릴 만한 사회성도, 연예인에 열광
할 만한 열정도 없었다.

십 대의 막바지를 그렇게 힘겹게 보내고 있던 나는 학교에서 늘 외
톨이였다. 집에 돌아와 자려고 침대에 누웠을 때조차 편안하지 않았
다. 하루 종일 엉켜 빙빙 돌던 그 모든 생각과 불안들이 기다렸다는
듯이 한꺼번에 나를 덮쳐왔다. 숨을 제대로 쉴 수 없을 정도의 고통
이었고, 차라리 내일 아침이 오지 않기를 바란 적도 많았다.

그렇게 그 어디에도 마음 둘 곳이 없어 막막하고, 걷잡을 수 없는 부
정적인 생각들이 나를 덮쳤을 때, 그나마 내가 도망칠 수 있는 도피
처는 책이었다. 비록 집중력은 오래가지 않았지만, 십 대 시절 내내
나와 함께했던 《해리 포터》 시리즈를 읽고 또 읽으며, 그 순간만큼은

나도 프리벳가의 천덕꾸러기를 벗어나 호그와트의 영웅인 '포터'가 될 수 있었다.

하지만 책을 덮고 현실로 돌아오면 나는 여전히 숨 막히는 사막 한가운데를 홀로 걷고 있었다. 그 어디에도 마음을 놓고 쉴 곳이 없었고, 심지어 나 자신조차도 내가 왜 이렇게 힘든지 알 수 없었다. 몸과 마음은 경직되어 어떤 행동도 쉽게 시작할 수 없었고, 사소하고 작은 목표를 끝까지 이루는 것도 어려웠다. 단 한 순간도 차분하게 나를 되돌아보거나 성취를 쌓아갈 수 있는 마음의 평온 따윈 존재하지 않았다. 인생의 모든 것이 정리되지 않은 채 방치된 나는, 마치 히키코모리가 오랫동안 치우지 않은 방처럼 어지럽게 널브러져 있었다.

다만 그렇게 혼란스러운 날들 속에서도 《해리 포터》에서 배운 것이 하나 있다면, '어려운 상황 속에서도 현실을 직면하고 용기를 내면 새로운 길이 열린다는 것'. 그 믿음이 당시의 나를 구해주지는 못했지만, 적어도 나쁜 길로 빠지지 않도록 위로해줬고, 지금 생각해보면 기필코 읽어보겠노라며 사두었던 그 영어 원서가 내 인생의 작은 불씨가 되어주었다는 것만은 틀림없는 사실이다.

;

잠시 나를 발견하는 과정에서 가장 방해가 되는 '원망'의 마음에 대해 이야기해보고자 한다. 원망은 처음엔 가벼운 한숨처럼 시작된다. "그 사람 때문이야", "세상은 불공평해"라는 식의 투덜거림에서부터 시작되는데, 시간이 지나면서 그 한숨은 점점 깊어지고 나를 옭아매는 쇠사슬이 된다. '왜 나만 이렇게 되어야 하는가?' 하는 질문을 반복할수록 점차 내 안의 모든 희망은 사라지고, 내 삶은 마치 흙탕물에 빠져 헤엄치는 것처럼 절망에 빠져든다. 그저 바깥에서 모든 것이 내게 불공평하다고 생각하며 세상과 싸우는 데 에너지를 낭비한다. 그런데 그렇게 싸우고 있을 때 내가 놓치는 것은 바로 내가 할 수 있는 어떤 성취의 기회다. '원망'하는 것에 시간을 뺏긴다면 절대로 그 기회를 잡을 수 없다. 행복한 사람에게 불행이 오면 빠져나가려고 하지만 불행한 사람은 그 반대다. 빠져나갈 기회가 와도 그 상태가 익숙해 다시 불행의 늪 속으로 들어가려 한다.

Your vision will become clear
only when you can look into your own heart.
Who looks outside, dreams;
who looks inside, awakes.

자신의 마음을 들여다볼 때
비로소 비전은 명확해진다.
밖을 바라보는 자는 꿈을 꾸고,
안을 바라보는 자는 깨어난다.

카를 구스타프 융(Carl Gustav Jung)

세상의 보편적인 기준을 보며 그에 맞춰 살아가려는 사람은 이상을 좇지만, 나를 들여다보고 사는 사람은 자신을 자각하며 깨어나 명확한 삶의 목표를 가지고 살아갈 수 있다는 뜻이다. 남들이 어떻게 사는지를 보지 말고, 내가 어떻게 살고 싶은지를 생각해봐야 한다. 바깥세상의 표지판보다 내 마음속에 있는 나침반을 볼 때, 내가 어디로 가야 할지를 깨달을 수 있다. 진정으로 깨어난 자는 불안하지 않다.

Your vision will become clear only when you can look into your own heart.

Who looks outside, dreams: who looks inside, awakes.

You are not weak.
The dementors affect you worse than the others
because there are horrors in your past
that the others don't have.

넌 약한 게 아니야.
디멘터가 네게 더 큰 영향을 미치는 건,
다른 사람들보다 더 많은 공포를 경험했기 때문이야.

《해리 포터와 아즈카반의 죄수(Harry Potter and the Prisoner of Azkaban)》

《해리 포터와 아즈카반의 죄수》에 나오는 대사로, 루핀이 포터에게 한 말이다. 이는 포터가 자신의 약점이라고 생각했던 것이 사실은 그가 겪어온 경험과 강인함 때문이라는 걸 보여주는 장면이다. 결국 포터는 이를 극복하고 자신의 능력을 발전시킨다.

You are not weak.

The dementors affect you worse than the others because there are horrors in your past that the others don't have.

True wisdom is seeing yourself fully,

without judgment or denial.

진정한 지혜란 자신을 있는 그대로 보고,
섣불리 판단하거나 부정하지 않는 것이다.

부처(부처의 불교 사상을 재해석한 말)

바꾸려하기 전에, 있는 그대로의 나를 마주할 것. 진짜 변화는 스스로를 인정한 자리에서
시작된다. 거부보다 수용이 더 깊은 용기다.

True wisdom is seeing yourself fully, without judgment or denial.

What does your conscience say?
You shall become who you are.
Become who you are.

너의 양심이 말하는 것은 무엇인가?
너는 너 자신이 되어야 한다.
너 자신이 되어라.

프리드리히 니체

니체는 우리가 타고난 본성과 가능성을 완전히 실현해 '진정한 자기 자신'이 되어가야 한다고 말한다. 즉 사회적 기준이나 타인의 기대에 맞추는 삶이 아니라, 자신 안에 잠재된 고유한 본성과 가치를 발견하고 용기 있게 실현해나가는 과정을 강조한다. 즉 당신이 가지고 태어난 것들을 훈련과 노력으로 다듬어 '당신 그 자체가 되어라'는 말이다.

What does your conscience say?

You shall become who you are.

Become who you are.

When I let go of what I am,
I become what I might be.

내가 지금의 나를 내려놓을 때,
나는 내가 될 수 있는 존재가 된다.

존 헤이더(John Heider), 《리더십의 도(The Tao of Leadership)》

노자의 도가 사상의 원리를 현대적으로 재해석해 인용한 문장으로, 자기 자신을 판단하거나 부정하지 않고 있는 그대로 받아들이는 것을 말한다.

When I let go of what I am, I become what I might be.

反求諸己.
(반구저기)

무엇이든 자기 자신에게서 원인을 찾아라.

《맹자(孟子)》, 〈이루상편(離婁上篇)〉

Do not compare, just look inside.

Seek your strengths with heart and pride.

Keep your feedback, don't give it away.

True success is the self you weigh.

다른 사람과 비교하지 말고, 오직 자신을 들여다봐라.
진심과 자부심을 가지고 자신의 강점을 찾아라.
스스로를 돌아볼 기회를 다른 이에게 넘기지 마라.
진정한 성공은 스스로를 평가하고 성장시키는 것이다.

세상이 내게 등을 돌린 것 같을 때, 가장 먼저 돌아봐야 할 곳은 내 안이다. 성장은 남 탓이
아닌 자기 점검에서 시작된다. 답은 언제나 안쪽에 있다.

**The surest way to lose freedom is to be
overly concerned with the opinions of others.**

타인의 의견에 지나치게 신경 쓰는 것은
자유를 잃는 가장 확실한 방법이다.

아르투어 쇼펜하우어(Arthur Schopenhauer)

쇼펜하우어의 말을 현대적으로 재해석한 구절로, 타인의 의견에 과도하게 신경 쓰는 것이
개인의 자유와 행복에 부정적인 영향을 미칠 수 있다는 의미를 담고 있다.

The surest way to lose freedom is to be overly concerned with the opinions of others.

Whatever difficult moment you are facing, acknowledging it is the beginning.

당신이 어떤 어려운 순간을 겪고 있든, 그것을 인정하는 것이 시작이다.

에크하르트 톨레(Eckhart Tolle)

여기서 'acknowledging'은 인정하고 받아들이는 것을 의미한다. 이를테면 직장에서 진행하는 프로젝트에서 실수가 발생했을 때, '아무 문제없을 거야'라며 회피하면 십중팔구 상황은 더 악화된다. 하지만 '이번 실수는 내 부족한 점에서 비롯되었구나' 또는 '이런 문제가 발생했으니 해결책을 찾아야겠다'라고 인정하는 순간부터 개선이 시작될 수 있다. 즉 'acknowledging'은 단순히 문제를 받아들이는 것이 아니라, 그것을 인식하고 해결책을 모색하는 것까지 포함하는 단어다.

Whatever difficult moment you are facing,
acknowledging it is the beginning.

Do not try to avoid suffering.
Try to understand it.

고통을 피하려 하지 말고,
그것을 이해하려고 노력하라.

카를 구스타프 융

융의 말을 쉽게 풀어낸 구절로, 현재 내가 가진 불만과 온갖 부정적인 것들에 대해 불평하며 그냥 지나치지 말자. 이렇게 억누른 감정이나 트라우마는 잠재의식 속에 남아 신경증(neurosis)으로 나타날 수 있고, 이를 회피하면 더 큰 문제를 일으킬 수 있다. 마음 깊은 곳에서 느껴지는 감정은 그 자체로 중요한 신호다. 불안, 슬픔, 기쁨, 두려움 같은 감정들은 단순한 감정이 아니라 우리가 진짜 원하는 것이 무엇인지, 무엇이 우리에게 맞지 않는지를 알려주는 나침반과 같다.

Do not try to avoid suffering.
Try to understand it.

The wise man is satisfied with what he has, while the fool complains about what he lacks.

현명한 사람은 자신이 가진 것에 만족하고,
어리석은 사람은 자신이 가지지 못한 것에 대해 불평한다.

아르투어 쇼펜하우어

쇼펜하우어의 말을 재해석한 구절로, 여기서 '만족'은 '안주'가 아니다. 모든 것을 가졌다고
생각하는 것이 아닌, 내가 가진 내외부적 조건들을 정확하게 알고 그것을 어떻게 이용할지
그 방법을 아는 상태에서의, 그 조건에 대한 '만족'을 의미한다.

The wise man is satisfied with what he has,
while the fool complains about what he lacks.

'information'도 몰랐던
고2 영포자에게 일어난 사건

내가 처음 영어를 접했던 것은 초등학교 고학년 즈음이었던 걸로 기억한다. 매일 아침 7시에 우리 집으로 전화를 하시는 '윤선생' 영어 담당 티처와 함께였다. 그것 역시나 내가 성실하게 했을 리가 만무했다. 항상 너무나 졸린 나머지 "헬로 티처(Hello Teacher)", "굿바이 티처(Goodbye Teacher)"를 제외하고는 내가 무슨 말을 하고 있는지 비몽사몽간에 전혀 기억이 나지 않을 정도였다. 매일 들어야 하는 테이프는 틀어둔 채 딴짓을 했고, 다음 날 아침 전화로 쏟아지는 질문에는 뒤쪽의 해설지를 보며 위기를 모면하곤 했다. 선생님이 그것을 모를 리 없었다. 아마 나 같은 학생이 한둘이 아니었을 터.

중학교 때는 동네 영어 보습학원에 다녔다. 그곳에서 주로 내신 문제집을 풀며 근처 대학교 재학생이었던 젊은 선생님에게 교습을 받았다. 내가 문제를 풀고 있는 동안에 지우개 가루를 대량으로 만들고 그것을 다시 모아 지우개로 만들던, 머리를 양 갈래로 땋은 여자 선생님의 모습이 아직도 기억난다.

고등학교에 진학해서는 누구나 그렇듯《우선순위 영단어》와 리딩 스킬 문제집을 샀다. 다른 아이들이 하는 정도는 따라가야 했으니까. 하지만 어떤 학원에 다니든, 어떤 책을 사든 문제는 내 어영부영한 학습 태도였다. 언제나 새로운 마음으로 책을 샀지만 한두 장을 보고는 어딘가에 처박아두기 일쑤였고 끝까지 한 권의 교재를 다 보거나 끝내지를 못했다. 그러던 어느 날 내게도 아주 작은 변화가 생겼다.

고등학교 2학년 3월의 어느 날이었다. 쉴 새 없이 돌아가는 머릿속 모터를 간신히 부여잡고 공부를 해보기로 마음먹었다. 처음이었다. 먼저 어렵기로 유명한 빨간색 모의고사 문제집을 사서 풀어보기 시작했는데, 첫 지문부터 도무지 무슨 말인지 이해할 수 없었다. 'being', 'have' 등 한국어로 해석할 수 없는 단어들이 너무 많이 등장했다. 그때 모의고사 한 회를 훑어보는 동안 정말 많이 등장한 단어가 있었는데, 바로 'information'이라는 단어였다. 도대체 어떤 단어이 길래 이렇게 자주 등장하는 걸까. 해답지를 찾아보니 '정보'라는 명사였다. 고2 3월에 처음으로 'information'이 무슨 뜻인지를 알게 된 것이다. 이처럼 나의 기초 학력은 심각한 수준으로 미달이었다.

지금에 와서 영어 강사인 내가 부끄러움을 무릅쓰고 이런 고백을 할 수 있는 것은, 이렇게까지 기초도 몰랐던 내가 영어에 능통한 사람이 됐으니 여러분도 할 수 있다는 말을 하고 싶어서다. 당시 나는 머릿속 모터가 더 이상 빠르게 돌아가지 않도록 부여잡고 가슴속 불덩이가 밖으로 튀어나오지 않도록 밀어 넣는 데 모든 에너지를 소비하고 있었다. 즉 학업에 쏟을 어떤 힘도, 열정도 남아 있지 않은 상태였다. 게다가 기초도 너무 없어서 무엇부터 해야 할지 막막한 지경이었다.

그럼에도 공부를 해보기로 결심했으니 무엇인가는 해봐야 한다고 생각했다. 공부를 안 한 지 이미 너무 많은 시간이 흘러 내가 따라잡기에는 늦은 감이 있었을뿐더러, 더욱 중요한 것은 내가 지금부터 한다고 해도 얼마나 할 수 있을지 전혀 확신할 수 없는 상황이었다. 내가 지금 어떤 수준인지, 어떻게 시작해야 하는지, 내게 지금 필요한 것이 무엇인지 전혀 알 수 없었고 또 알려줄 사람도 없었다.

그래서 나는 내가 할 수 있는 단 하나의 원칙을 정했다. 바로 '수업 시간에 무조건 깨어 있기'였다. 선생님들의 수업이 어려워서 무슨 말인지 하나도 이해가 안 되고, 머릿속에서는 딴생각이 수백 번 넘게 들어도 절대 잠들지 않고 끝까지 귀를 기울이기로 했다. 이것이 바로 '문제 있는 나' 자신을 있는 그대로 받아들이고 컨트롤하는, 나만의 최소한의 시도이자 방법이었다.

처음 한 달 동안은 고문이 있다면 이런 것일까 싶을 정도로 힘이 들었다. 쉬운 이야기에도 집중하기 어려웠던 내게, 생판 낯선 외국어처럼 도통 이해가 되지 않는 수업을 들으며 교과서를 읽고 필기하는 일은 정말이지 고역이었다. 조금만 긴장을 풀면 나도 모르게 낙서를 하고 있거나 졸고 있었다. 그러다 다시 되돌아가 수업에 집중해야 하는 바로 그 순간이 무엇보다 힘겨웠다. 하지만 이 '단 한 가지'도 하지 못하면 내 인생은 영원히 답이 없을 것 같다는 생각이 들어서 오기로나마 버텼다. 오죽하면 그때 당시 내 SNS 비밀번호는 '이제는 더 이상'이었다. 그렇게 억지로 필기한 노트 한 권이 조금씩 채워지고 있었다. 이 과정을 통해 느낀 점이 하나 있다면 결국 내 인생은 남의 것이 아니라 내가 만들어가야 하는 나의 것이며, 내가 주체가 되어야 한다는 사실이었다.

;

누구나 한 번쯤 삶에서 절망스러웠던 순간이 있었을 것이다. 또 나 자신에 대해 실망하거나 깊이 고민하다가 끝내는 본연의 모습이 아닌, 다른 이들이 멋지다고 정해놓은 모습으로 스스로를 가둔 사람도 있을 것이다. 나 역시 ADHD였던 나 자신을 깨닫고, 내 안의 장점과 단점을 객관적으로 깨닫기까지 너무나도 힘든 시간을 보냈다. '왜 평범한 사람으로 태어나지 못했을까' 생각하며 부모님을 원망하기도 했고, '왜 나는 이 것밖에 할 수 없을까' 하고 스스로를 자책하기도 했다. 하지만 결국 그것을 이겨낼 수 있는지 여부는 나 자신에게 달려 있다는 것을 배웠다. 니체의 말처럼 "우리를 죽이지 못하는 것은 우리를 더 강하게 만든다"는 사실을 잊지 않았으면 한다.

What does not kill us makes us stronger.

우리를 죽이지 못하는 것은 우리를 더 강하게 만든다.

프리드리히 니체

내가 가장 좋아하는 내 좌우명 같은 말이다. 고통이나 시련은 그것이 우리를 완전히 무너뜨리지 않는 한 해로운 것이 아니며, 우리를 더 강하게 만들어준다. 그러므로 위기가 왔을 때 낙담하지 않고 이겨낸다면, 나를 강하게 만들어주는 계기가 되어 한 단계 더 성장할 것이다.

What does not kill us makes us stronger.

不行不知其所止也.
(불행부지기소지야)

행하지 않으면 어디에 도달할지 알 수 없다.

《장자(莊子)》외편(外篇), 〈지북유편(知北遊篇)〉

Knowing is not enough; we must apply.
Being willing is not enough; we must do.

아는 것만으로는 충분하지 않다. 적용해야 한다.
의지만으로는 충분하지 않다. 행동해야 한다.

요한 볼프강 폰 괴테(Johann Wolfgang von Goethe)

단지 지식을 갖는 것만으로는 변화나 성장이 일어나지 않고, 행동으로 옮길 때에만 진정한 힘이 발휘된다는 말이다. 경험을 통해서만 자신의 진짜 재능을 발견할 수 있다. 여기서 경험은 정확히 실패의 경험을 말한다. 실패할수록 우리는 앞서 니체가 말한 '삶의 이유'에도 더 가까워진다.

Knowing is not enough; we must apply.
Being willing is not enough; we must do.

牛莫不偕, 而不可以爲相也. 人莫不偕, 而不可以相也.
(우막불해, 이불가이위상야. 인막불해, 이불가이상야)

소는 한 마리도 같지 않고, 사람도 각기 타고난 재주가 다르다.

《순자(荀子)》, 〈비상편(非相篇)〉

No ox is ever the same,
No life is lived in just one way.
Find where your nature shines the best,
And let your gifts do the rest.

어떤 소도 똑같지 않다.
어떤 인생도 같은 방식으로 살아가지 않는다.
당신의 타고난 재능이 가장 빛날 곳을 찾아라.
그리고 그 재능이 당신을 이끌게 하라.

Everything—a horse, a vine—is created for some duty. For what task, then, were you yourself created?

모든 것, 말이든 포도나무든 특정한 역할을 위해 창조되었다.
그렇다면 너는 어떤 일을 위해 창조되었는가?

마르쿠스 아우렐리우스(Marcus Aurelius)

세상에 존재하는 모든 것에는 고유한 목적이 있다. 타인과 비교하지 말고 내가 왜 이 세상
에 태어났고 왜 존재하는가, 내가 무엇을 위해 살아가야 하는가를 고민하고 내 역할을 찾
아야 한다. 그것이 곧 진정한 자기 삶의 출발점이 될 수 있다.

"

Everything — a horse, a vine — is created for some duty. For what task, then, were you yourself created?

失敗爲成功之母.
(실패위성공지모)

실패는 성공의 어머니다.
동양 격언

- -

A single failure feels so tough,
But many failures make you tough.
Success is a gift that shines so bright,
Yet inside, it's failures bundled tight.

한 번의 실패는 너무 힘들게 느껴지지만,
많은 실패는 오히려 너를 강하게 만든다.
성공이라는 선물은 밝게 빛나 보이지만,
그 속을 들여다보면 수많은 실패들이 묶여 있다.

Talent hits a target no one else can hit.
Genius hits a target no one else can see.

재능은 다른 사람이 맞힐 수 있는 과녁을 맞히고,
천재는 다른 사람이 보지 못하는 과녁을 맞힌다.

아르투어 쇼펜하우어

쇼펜하우어는 재능과 천재를 구분했지만, 흔히 동일한 것으로 취급된다. 예를 들어 요리를
'잘하는 사람'은 레시피를 보고 정확한 비율로 요리를 만들어 맛있게 완성하지만, 요리에
'재능'이 있는 사람은 냉장고에 있는 아무 재료나 조합해서, 새로운 요리를 창조하고 남들
이 예상하지 못한 맛을 만들어낸다. 즉 남들이 뭐라든 당신이 하는 방법이 맞을 수 있으니
반드시 도전을 해봐야 한다는 의미다.

Talent hits a target no one else can hit.
Genius hits a target no one else can see.

The meaning of life is to find your gift.
The purpose of life is to give it away.

인생의 의미는 자신의 재능을 찾는 것이고,
인생의 목적은 그것을 나누는 것이다.

파블로 피카소(Pablo Picasso)

재능은 자기 자신만을 위한 것이 아니라 타인, 공동체, 인류에 기여함으로써 진정한 의미를 갖게 된다는 뜻을 담고 있다. 'give it away', 즉 나눈다는 것은 자신의 재능을 발견하는 데서 그치지 않고, 그것에 수많은 실패의 경험을 더해 상품성 있게 다듬고 프로페셔널하게 활용해 도움이 되는 것을 의미한다.

The meaning of life is to find your gift.
The purpose of life is to give it away.

Everybody is a genius.
But if you judge a fish
by its ability to climb a tree,
it will live its whole life believing that
it is stupid.

모든 사람은 천재다.
하지만 물고기를 나무 오르는 능력으로 판단하면,
물고기는 평생 자신이 멍청하다고 믿을 것이다.

알베르트 아인슈타인(Albert Einstein)

우리 모두 각자 살아야 할 세상을 가지고 있다. 자기에게 맞는 자리와 역할이 있을 때, 비로
소 자신답게 살아갈 수 있고 재능도 발휘된다. 나에게 맞는 그곳이 강인지 산인지 또는 하
늘 위인지는 오직 자신만이 알아낼 수 있다.

Everybody is a genius.
But if you judge a fish by its ability to climb
a tree, it will live its whole life believing that it
is stupid.

自己當作依, 歸依於自己.
(자기당작의, 귀의어자기)

스스로를 의지처로 삼고, 자신에게 귀의하라.

부처, 《대반열반경(大般涅盤經)》

- -

Look well into yourself.
There is a source of strength
which will always spring up
if you will always look.

스스로를 깊이 들여다봐라.
그 안에는 언제나 솟아오르는 힘의 원천이 있다.
당신이 계속해서 찾으려 한다면.

마르쿠스 아우렐리우스

진짜 힘은 당신 안에 있다. 그것을 보기 위해선, 멈추지 말고 자신을 들여다봐야 한다. 자신이 직접 노력하지 않으면 아무도 대신해줄 수 없다는 뜻이다.

Where your talents and
the needs of the world cross,
there lies your vocation.

당신의 재능과 세상의 필요가 만나는 곳에 당신의 천직이 있다.

아리스토텔레스

이 책을 통해 내가 하고 싶은 말을 전하는 문장이다. 여기서 'Vocation', 즉 천직(소명)은 내가 잘하는 것과 세상이 필요로 하는 것이 만나는 지점에서 만들어진다. 아직 천직을 찾지 못했다면 내 재능 중 세상이 필요로 할 만한 것이 무엇인지 생각해보자. 그 재능을 활용하는 직업이 내 천직이자 대체될 수 없는 나만의 경쟁력이 될 것이다.

Where your talents and the needs of the world cross, there lies your vocation.

PART
2

LUCK is
What You're Given

때가 오다

天 (천)

큰 행운은 사소하고
조용하게 온다

지금까지 내 인생에 있어서 4~5번의 기회가 찾아왔다고 생각한다.
그 기회는 어쩌면 아주 사소했지만 내게는 어떤 깨달음의 계기가 되
었고, 그러한 순간들이 모여 지금의 변화된 내가 있을 수 있었다. 그
첫 시작은 고등학교 2학년 7월의 어느 날이었다. 그날도 여느 여름
처럼 무더웠다. 선풍기가 내게 올 때마다 교실에 밴 땀 냄새도 함께
몰려왔다. 오감이 예민한 나는 지칠 대로 지쳐 있었다. '수업 시간에
무조건 깨어 있기'의 결심도 점점 무뎌져가고 있을 무렵이었다. 생각
해보면 내 인생을 바꿔놓은 계기가 된 그 일은 그렇게 예고도 없이,
대단치 않게 스윽 찾아왔다.

종례 시간이었고 당시 영어 과목을 담당하던 담임 선생님은 그날따라 평소 하지 않던 말을 했다. 고향이 충남 서산이었던 그녀는 학창 시절에 특별히 학원을 다니지도, 과외를 받지도 않았다고 했다. 그 누구에게서도 영어를 따로 배워본 적이 없었다는 것이다. 단지 고등학교 2학년 여름방학에 문법책 한 권을 사서 아주 꼼꼼히 세 번을 정독해서 봤더니, 그 이후로 영어 성적이 급격히 올라 영어교육학과에 진학할 수 있었다는 이야기를 들려주었다. 어찌 보면 진부한 성적 향상 스토리였는데, 담담한 말투로 지나가는 듯이 툭 던진 그 이야기에서 나는 무엇인가 모를 강한 동기부여를 받았다.

나는 하굣길에 서점으로 달려가 영문법책 코너 앞에서 한참을 서성였다. 물론 당시의 나는 책을 살펴본다고 해서 어떤 것이 좋은 책이고 내게 맞는 책인지 구별할 수 있는 상태도 아니었다. 그래서 일단 가장 쉬워 보이는 능률교육에서 나온 초록색 기초 영문법책을 골랐고, 그다음 아주 얇은 두께의 롱맨출판사의 기초 영문법책도 한 권 골라 샀던 기억이 난다. 그리고 제대로 보지는 않았지만 책가방에 항상 들어 있었던, 학교에서 무료로 나눠준 대전광역시교육청에서 발간한 영문법책까지…. 이렇게 세 권의 문법책과 함께 빈 노트 한 권을 준비했다.

태어나서 처음으로 느껴보는 성취에 대한 기대로 가슴이 두근거렸다. 그리고 나는 그 여름방학 한 달 동안 필사적으로 그 세 권의 책을 다 보았다. 내가 여기서 '다' 보았다고 하는 것은, 마치 사법고시를 준비하는 것처럼 그곳에 있던 모든 문장을 샅샅이 살펴보고 토씨 하나 안 틀리게 외웠다던가, 즉 요즘 말로 '씹어 먹었다'던가 하는 그런 종류의 것은 아니었다. 내가 앞서 이야기했듯이, 나는 어떤 책 한 권 전체를 다 외우거나 속속들이 그 디테일까지 이해할 수 있을 만큼 기초를 갖추고 있는 상태도 아니었고, 집중력이 있거나 암기력이 좋지도 않았다.

그런 내 상태를 누구보다도 알고 있었기에, 나는 오직 그 영어책 세 권에 나와 있는 모든 영어 문장에 대한 정확한 해석을 노트에 적는 것을 목표로 학습했다. 단어를 찾아보면서 깨알 같은 글씨로 더듬더듬 해석을 적어나갔다. 말이 안 되는 한국어 문장을 의미에 맞게 고치다 보면 겨우 두세 문장을 해석했을 뿐인데, 한 시간이 우습도록 훌쩍 지나 있었다. 지금 생각해보면 이때부터 수많은 영어 문장을 필사하고 해석하는 연습을 시작했던 것 같다.

그해 여름, 독서실의 가장 끝자리에 위치한 내 책상에서 나는 그 누구보다 나 자신과 싸우고 있었다. 단어를 하도 찾다 보니 사전 모서

리에 베인 자국이 손가락에 계속 생겨났다. 잘못된 연필 잡는 습관 때문에 오른쪽 가운데 손톱 아래에는 굳은살이 점점 더 크게 올라왔다. 문장 해석을 끝내고 정신이 들면 다시 머릿속 모터는 빠르게 돌기 시작했고, 금세 집중력이 흩어졌다. 방금 전까지 내가 무엇을 하는 중이었는지 잊어버렸다. 주의력이 날개를 달고 사방으로 퍼져나갔고, 오만가지 잡생각이 메아리처럼 돌아왔다.

흩어진 집중의 파편들을 하나하나 다시 찾아오며 머릿속 모터를 멈추고, 다리를 떠는 것으로 터져 나오기 시작하는 충동을 가까스로 집어넣으며, 다시 반복적인 해석 작업으로 돌아가야 하는 그 모든 순간순간이 내게는 시험이었다. 그렇게 치열했던 방학을 보낸 뒤 개학을 했고, 하반기 첫 9월 모의고사를 보게 되었다.

영어 모의고사 성적이 얼마나 올랐을까? 혹시나 하는 기대가 생겼다. 성적표에 새겨진 1등급이라는 글자를 머릿속으로 그려보며 성적이 발표되기만을 기다렸다. 하지만 몇 주 후 확인한 성적은 그야말로 처참했다. 이것은 내가 그간 들인 시간과 노력에 비하면 거의 떨어진 것이나 마찬가지였다. 그 전 모의고사와 비교해 그저 미미한 차이만 있을 뿐이었다.

나는 내 첫 도전이 실패로 돌아갔음을 깨달았다. 처음 시도해본 도전이었지만 또 처음 맛본 실패이기도 했다. 여름 내내 독서실에서 펜과 사전을 붙잡고 나를 괴롭히는 내 안의 충동성을 억누르며 보냈던 그 시간들이 아무 의미 없는 것으로 드러났다고 생각하자 스스로에게 창피했다. 중학교 시절 사물함을 이유로 모욕을 당했을 때보다 더한 절망감이 찾아왔다. 공부를 어떻게 하는 것인지, 성취라는 것이 무엇인지 전혀 몰랐기에 거기서 모든 것이 끝났다고 생각했다. 의욕을 완전히 잃어버린 채 내 첫 공부 도전은 거기서 마무리가 되는 듯싶었다.

하지만 한번 시작된 도전은 내게 새로운 기회의 포문을 열어주었다. 도저히 도전을 끝낼 수 없게 만드는 일이 기적처럼 일어났다. 더 이상 영어 시간에 담임 선생님이 하던 설명이 외국어처럼 들리지 않았다. 그녀가 하는 말을 내가 알아듣기 시작한 것이다. 그녀가 내뱉은 문법 용어들이, 그리고 영어 문장들이 이해되고 내 안에 쌓이기 시작했다. 수업 시간에 집중하기가 훨씬 수월해진 것이다. 수업 시간에 선생님 설명을 알아듣는다는 것, 기초가 생겼다는 것은 나를 더욱더 괴롭게 했다. 9월 모의고사 실패를 핑계로 다시 질서 없는 생활로 돌아갈 생각이었던 나는 뜻하지 않게 더 노력하게 되었다.

게다가 1학기 때 줄곧 연습해온 '수업 시간에 무조건 깨어 있기'가 그 즈음에 효과를 발휘하기 시작했다. 영어 시간뿐 아니라 문학이나 근현대사 같은 과목들까지 조금씩 귀에 들어오기 시작한 것이다. 나도 할 수 있는 아이인가? 직면하고 포기하지 않고 도전하면 되는 건가? 탄력을 받기 시작하면서 나는 어렴풋이 깨달았다. 성취는 시간의 축적이며, 실패는 내가 그 축적하기를 그만두었을 때를 정의하는 것이었다. 실패를 하느냐 마느냐는 오로지 내 선택에 달렸던 것이다.

;

바닥에서 반전은 시작된다. 나는 늘 고비에서 어떤 깨달음을 발견했고, 끝이라 생각했을 때 기회를 맛보며 살아왔다. 사소하고 조용하게 찾아오는 행운을 우리가 일일이 알아챌 수는 없다. 다만 아주 작게라도 평소보다 남다르게 다가오는 것이 있다면 그것이 바로 기회이자 행운의 신호탄일 수 있다. 기회와 운은 한순간에 오지 않을뿐더러 내 스스로 준비가 되어 있지 않으면 놓쳐버리기도 쉽다. 다음 문장들을 필사하면서 어쩌면 지금 내 곁을 스치고 있을지도 모를 기회의 순간을 알아차리기를 바란다.

The most important things in life come from small decisions.

삶에서 가장 중요한 것들은 사소한 결정들에서 비롯된다.

나폴레온 힐(Napoleon Hill)

인생은 거대한 결정보다 오늘 무엇을 선택하느냐에 따라 바뀐다. 아주 작지만 의식된 그 한 걸음이, 당신을 다른 곳으로 이끌 것이다.

The most important things in life come from
small decisions.

Halfway down the stairs
Is a stair where I sit.
There isn't any other stair
Quite like it.
I'm not at the bottom,
I'm not at the top;
So this is the stair
Where I always stop.

계단 중간쯤에
내가 앉는 계단이 있어.
그 어떤 계단도
이 계단과 똑같지는 않아.
나는 맨 아래도 아니고,
맨 위도 아니야.
그래서 여기가
내가 항상 멈추는 곳이야.

A. A. 밀른(A. A. Milne, 《곰돌이 푸》작가)

계단의 맨 아래도, 맨 위도 아닌 중간쯤의 애매한 위치이지만, 그곳에 멈춰 생각하고 쉬는 시간이 특별하다는 의미를 담은 곰돌이 푸의 시다. 이는 우리가 일상에서 쉽게 지나치는 작은 순간들이 사실은 중요한 의미를 가질 수 있다는 것을 어린아이의 시선에서 말하고 있다.

Luck is what happens
when preparation meets opportunity.

행운은 준비가 기회를 만났을 때 생기는 것이다.

세네카(Seneca)

기회는 우연처럼 오지만, 준비된 자만이 알아본다. 눈앞을 스치는 그 순간을 붙잡을 손이 있으려면, 차분한 준비가 먼저여야 한다.

Luck is what happens when preparation meets opportunity.

Sometimes we're on a collision course and we just don't know it.
Whether it's by accident or by design, there's not a thing we can do about it.

때때로 우리는 운명이 충돌하는 곳에 있지만
그것을 알지 못합니다.
그것이 우연이든 의도적이든,
우리는 그것에 대해 아무것도 할 수 없습니다.

〈벤자민 버튼의 시간은 거꾸로 간다(The Curious Case of Benjamin Button)〉

이 영화는 노인의 외모와 질병을 갖고 태어나 해가 갈수록 어려지는 운명을 갖고 태어난
주인공 벤자민의 인생과 사랑을 그린다. 여기서 운명의 충돌이란 크게 바뀌는 운명의 순간
을 의미한다. 우리는 운명을 알 수 없지만, 그것을 변화와 성장의 계기로 삼을 수는 있을 것
이다.

Sometimes we're on a collision course and we just don't know it.

Whether it's by accident or by design, there's not a thing we can do about it.

Ever wondered how different your life would be if that one thing had happened differently?

한 가지 일이 다르게 일어났다면,
당신의 삶이 얼마나 달라졌을지 궁금해한 적이 있나요?

〈슬라이딩 도어즈(Sliding Doors)〉

이 영화는 주인공 헬렌이 지하철 문이 닫히기 전에 탑승하느냐 못 하느냐에 따라 달라지는 두 가지 평행한 삶을 그린다. 작은 선택과 사건이 인생의 큰 변화를 가져올 수 있음을 보여 주고 있다.

Ever wondered how different your life would be if that one thing had happened differently?

Two roads diverged in a wood,
and I took the one less traveled by,
And that has made all the difference.

숲속에 두 갈래 길이 나 있었습니다.
나는 사람들이 덜 걸어간 길을 택했습니다.
그것이 모든 차이를 만들었습니다.

로버트 프로스트(Robert Frost), 〈가지 않은 길(The Road Not Taken)〉

숲속에서 길을 정하는 사소한 선택도 운명의 변화로 이어질 수 있다는 것을 말해준다.

Two roads diverged in a wood,

and I took the one less traveled by.

And that has made all the difference.

Success is the product of daily habits—
not once-in-a-lifetime transformations.

성공은 평생 한 번 있을 법한 극적인 변화가 아니라,
매일의 습관에서 만들어진다.

제임스 클리어(James Clear), 《아주 작은 습관의 힘(Atomic Habits)》

드라마틱한 반전보다 조용한 반복이 인생을 바꾼다. 눈에 안 띄어도 쌓이는 것들, 그게 결국
변화를 만든다.

Success is the product of daily habits—not once-in-a-lifetime transformations.

千里之行 始於足下.
(천리지행 시어족하)

천 리 길도 한 걸음부터.

노자, 《도덕경(道德經)》

A single step, so small, so slight,

Yet leads us far into the light.

When tiny steps meet cosmic signs,

Our fate takes a new path of grand design.

작고 사소한 한 걸음이지만,
우리를 먼 빛으로 이끌어준다.
작은 걸음이 우주의 신호와 만날 때,
우리의 운명은 거대하게 만들어진 새로운 길로 간다.

It is said that the whole world is nothing but a combination of small things.

세상이라는 거대한 그림은 결국
수많은 작은 조각들이 모여 이뤄진 것에 불과하다.

레프 톨스토이(Leo Tolstoy)

우리가 위대하다고 부르는 모든 것들은 미세한 점들의 집합이며, 사소한 순간들이 모여 인생을 만들고, 작은 결정들이 운명을 바꾼다는 것을 톨스토이는 알고 있었던 것 같다.

It is said that the whole world is nothing
but a combination of small things.

Life-changing opportunities
don't always announce themselves loudly;
you must be aware and ready.

인생을 바꿀 기회는 언제나 요란하게 찾아오는 것이 아니다.
스스로 알아채고 준비되어 있어야만 한다.

서양 속담

삶의 전환점은 예고 없이 온다. 내가 기다리던 방식도, 타이밍도 아니었지만 돌아보면 그 순
간이 내 인생의 문을 열었다.

Life-changing opportunities don't always announce themselves loudly; you must be aware and ready.

; 끝없는 작심삼일이어도
괜찮아

'수업 시간에 깨어 있기'가 익숙해지고 영어 문장 해석이 되자 나는 더욱 욕심이 생겼다. 그리고 남은 2학기를 위한 단 하나의 원칙을 다시 정했다. 그것은 '주간 계획표'였다. 나는 매일 할 일을 아주 구체적으로 적었다. 그 전까지는 '영어 단어 암기', '사회문화 공부', 이런 식으로 대략적으로 큰 계획만을 세웠었다면, 그때부터는 《리딩튜터》 50~51p: 초벌 해석', '사회문화 실전문제 4p: 5개 오답노트 작성' 처럼 그것을 보자마자 다른 생각 없이 바로 시작할 수 있도록 최대한 구체적으로, 그리고 빽빽하게 적어나갔다.

처음에는 월간으로 계획표를 짜려고 했지만 내가 한 달이나 긴 호흡으로 계획을 짜고 그것을 실천한 경험이 없다는 사실을 깨달았다. 한 달이라는 사이클 동안 내가 언제쯤 정체기가 오고 어떻게 그것을 극복해나가야 효과가 있는지 등등 나 자신의 패턴에 대해서 아는 바가 없었던 것이다. 그래서 나는 주간 계획표에 최대 3일까지만 계획을 세웠다. 내가 할 수 있는 한 최대한 구체적으로 적고, 밤 12시가 되어 독서실 귀가 차량을 타기 전에 오늘 할당량에 해당하는 것들을 완수했음을 알리는 줄을 긋고 집에 가는 것이 그날 하루의 목표였다.

물론 내가 최소한 하나의 원칙을 갖고 하루하루를 채워나가기 시작했다고 해서 내 생활이 한순간 순조로워진 것은 아니었다. 그 와중에도 하루에 수백 번씩 나를 떠나는 주의력을 낚아채 잡아 와야 했고, 잡생각이 들 때면 있는 힘을 다해 몰아내야 했다. 갑자기 틱처럼 강박이 튀어나오면 한 시간이고 두 시간이고 손톱만 물어뜯을 때도 있었다. 극심한 스트레스가 유발한 폭식증으로 인해 갑자기 몸무게가 70킬로그램을 넘어섰고, 거울 속의 내 모습을 보기가 두려울 정도로 싫어졌다. 침대에 누웠을 때는 갑작스런 공황으로 심장이 두근거려 해가 밝을 때까지 잠들지 못하는 날도 허다했다.

단 하나도 내 뜻대로 흘러가는 것이 없었고, 이런 상황에 대해 마음 터놓고 고민을 나눌 친구도 없었다. 나는 나 자신과 끊임없이 싸우느라 심지어 어느 대학에 갈지 진로조차 제대로 고민해보지 못했다. 그저 오로지 밤 12시가 되면 주간 계획표를 펼치고 오늘 할당된 과제들에 완료를 표시하는 줄을 긋는 것. 3일마다 한 번씩 마음먹기를 반복하며 임무 완수처럼 눈앞에 닥친 목표, 그것 하나만을 생각하며 하루하루를 버텼다.

이처럼 시작은 미약했지만 고3 때까지 이어진 '주간 계획표' 작성하기 덕분에 끝까지 페이스를 잃지 않을 수 있었고, 10월에 수시 전형에 합격한 친구들의 술렁이는 분위기에도 휩쓸리지 않고 버틸 수 있었다. 하지만 버틴다고 해서 성적이 확 오르는 건 아니었다. 고3 때 본 9월 모의고사 성적도 기대에 미치지는 못했다. 고만고만했다. 문제는 점수가 올라가지도, 내려가지도 않고 멈춰 있다는 것이었다.

더 풀 문제집도 없어서 내 실력에는 어렵지만 마지막에 출간된 'EBS 고득점용 모의고사 문제집'까지 풀어봤다. 그런데 그것을 풀면서 더욱 절망했다. 내가 풀기에는 너무나 어려웠다. 풀면서도 '이걸 내가 맞출 수 있을까?' 싶은 문제들이 수두룩했다. 한두 개가 아니었다. 만약 수능이 이 정도라면 잘해야 3등급, 진짜 운이 좋아야 2등급일 것 같았다.

그리고 대학수학능력시험 날이 다가왔다. 사실 아무런 생각도 없고 오히려 지친 상태였다. 그저 오늘 하루 무사히 집중해 잘 넘길 수 있기만을 바랐다. 첫 교시가 시작되고 언어 영역 시험지를 넘겼는데, 이럴 수가! 어디서 많이 본 듯한 문제가 하나 보였다. 살짝 놀랐지만 침착하게 마음을 가다듬고 풀어나갔다.

연습했던 문제가 그대로 나왔다는 것은 내게 엄청난 행운이었다. 자신감이 붙었던 것이다. 외국어 영역에서는 익숙한 지문들이 더 많이 보였다. 바로 마지막에 풀었던 그 악명 높은 EBS 고득점용 문제집, 거기서 본 문제들이 상당 부분 변형되어 출제되었던 것이다. 당시 한창 사교육을 줄인다는 명목하에 EBS 의존도를 높이는 정책이 시행 중이었다.

그래서 나는 비록 엄청난 고득점은 아니지만 수능에서 언어 영역·외국어 영역·사회탐구 영역을 평소 모의고사보다 훨씬 잘 치렀고, 특히 영어에서는 처음으로 1등급에 진입했다. 그동안 그렇게 나오지 않아 절망했던 점수를 수능에서 만회한 나는 당시에 극적으로 꿈처럼 생각하던 한국외국어대학교에 입학할 수 있었다. 막막하고 암울하기만 했던 내 인생에 그렇게 또 한 번의 기회가 찾아왔다.

;

99퍼센트를 한 사람과 100퍼센트를 한 사람은 전혀 다른 결과를 만든다. 그 차이는 단 1퍼센트지만, 그 마지막 1퍼센트가 가장 클 때가 많다. 100퍼센트를 다했다면 후회가 남지 않는 법이다. '더 할 수 있었는데…'라는 생각이 남아 있다면, 그건 아직 100퍼센트로 노력한 상태가 아니다. 기회가 찾아오는 것도 바로 그 1퍼센트가 채워졌을 때다.

'Tis a lesson you should heed,

Try, try again.

If at first you don't succeed,

Try, try again.

이것은 네가 귀 기울여야 할 교훈이다.
계속, 계속 시도하라.
처음에 성공하지 못하더라도,
계속, 계속 시도하라.

윌리엄 힉슨(William Hickson), 〈다시 시도하라(Try Again)〉

※ 'Tis는 It is의 고어체.

실패는 마침표가 아니라 쉼표다. 넘어진 자리에서 다시 일어서는 반복이 결국 길이 된다. 끈질김이 결국 답이 된다.

'Tis a lesson you should heed.

Try, try again.

If at first you don't succeed.

Try, try again.

I have not failed.
I've just found 10,000 ways that won't work.

나는 실패한 적이 없다.
나는 1만 가지의 작동하지 않는 방법을 발견했을 뿐이다.

토머스 에디슨(Thomas Edison)

에디슨은 1만 번 실패했고, 1만 1번째의 행운의 여신이 그에게 손을 들어줬다. 포기하고 싶은 순간에 에디슨의 이 일화를 기억하면 좋겠다.

I have not failed.
I've just found 10,000 ways that won't work.

One of the most common causes of failure is the habit of quitting when one is overtaken by temporary defeat. Every person is guilty of this mistake at one time or another.

실패의 가장 흔한 원인 중 하나는
일시적인 패배에 직면했을 때 포기하는 습관이다.
모든 사람은 한 번쯤 이 실수를 저지른다.

나폴레온 힐, 《생각하라 그리고 부자가 되어라(Think and Grow Rich)》

힐의 저서 《생각하라 그리고 부자가 되어라》에 소개된 '3피트 앞에서 포기한 사람'에 대한 구절이다. 한 남성이 콜로라도에서 금을 찾기 위해 열심히 노력했다. 그러나 금맥을 발견하지 못한 그는 포기하고 장비를 팔아버렸다. 그리고 새로운 주인이 같은 장소에서 그 장비를 사용해 작업을 계속하자, 불과 3피트(약 0.9미터) 더 들어간 지점에서 거대한 금맥이 발견되었다고 한다. 우리가 놓쳐버린 3피트 앞의 금맥은 무엇이었을까?

One of the most common causes of failure is
the habit of quitting when one is overtaken by
temporary defeat. Every person is guilty of
this mistake at one time or another.

Don't quit before the miracle happens.

기적이 일어나기 직전에 포기하지 마세요.

서양 격언

어둠이 가장 짙을 때 새벽은 이미 가까이 와 있다. 흔들릴수록 바닥을 딛는 법을 배우게 된다.
멈추고 싶을수록 조금만 더 걸어보자.

Don't quit before the miracle happens.

When things go wrong, as they sometimes will,
When the road you're trudging seems all uphill,
Rest if you must, but don't you quit.
Success is failure turned inside out.

때로는 모든 것이 잘못될 때도 있지.
네가 걷는 길이 끝없는 오르막 같을 때,
잠시 쉰다 해도, 포기하지는 마.
성공은 실패를 뒤집은 것뿐이야.

에드거 A. 게스트(Edgar A. Guest), 〈계속하라(Keep Going)〉

실패란 탈을 쓴 기회일 수 있다. 멈춘 듯 보여도 내면에선 균형이 재정비되고 있다. 겉으론 정체, 속으론 진보다.

When things go wrong, as they sometimes will,

When the road you're trudging seems all uphill,

Rest if you must, but don't you quit.

Success is failure turned inside out.

Success is the sum of small efforts, repeated day in and day out.

성공은 매일 반복되는 작은 노력들의 합이다.

로버트 콜리어(Robert Collier)

매일 반복하는 작고 무심한 행동이 내 삶을 만드는 조각이 된다. 흔하지 않은 성공은 흔한 반복에서 시작된다.

Success is the sum of small efforts, repeated day in and day out.

In a small village, a stonecutter struck a huge
boulder again and again. "Bang! Bang! Bang!"
He hit it 100 times, but the rock didn't crack.
With a sigh, he paused-but did not give up.
On the 101st strike, the rock split in two!
The villagers gasped.
"That last hit broke the rock!"
The stonecutter smiled. "No, it was all the
strikes before that made it happen."

어느 작은 마을에 한 석공이 커다란 바위를 망치로 계속 내려쳤습니다.
"탕! 탕! 탕!"
그는 100번을 쳤지만 바위는 전혀 금이 가지 않았습니다.
그는 잠시 한숨을 쉬었지만 포기하지 않았습니다.
그리고 101번째 내려치자 바위가 두 동강이 났습니다!
마을 사람들이 놀라며 말했습니다.
"마지막 한 번의 타격이 바위를 깼어!"
그러나 석공은 미소 지으며 말했습니다.
"아니야, 바위를 깬 건 마지막 한 번이 아니라,
그 전에 했던 모든 망치질이었어."
〈어느 석공의 레슨(The Stonecutter's Lesson)〉

A farmer planted a Chinese bamboo tree
and watered it every day.
For five years,
nothing happened-no sprouts, no growth.
People laughed at him,
saying he was wasting his time.
But in the fifth year, the tree suddenly grew
90 feet (27 meters) in just six weeks!
The farmer smiled and said,
"Growth happens beneath the surface before it
shows."

어느 농부가 중국 대나무를 심고 매일 물을 주었습니다.
하지만 5년 동안 싹도 트지 않고, 아무런 변화도 없었습니다.
사람들은 그를 비웃으며 헛수고라고 말했습니다.
그러나 5년째가 되자,
나무는 단 6주 만에 90피트(27미터) 이상 자랐습니다!
농부는 미소 지으며 말했습니다.
"성장은 눈에 보이지 않는 곳에서 먼저 일어나는 법이지."
〈중국의 대나무 이야기(The Chinese Bamboo Tree)〉

Perseverance is the hard work you do after you get tired of doing the hard work you already did.

인내란 이미 했던 힘든 일을 하고 나서도
지치지 않고 계속하는 힘든 일이다.

뉴트 깅리치(Newt Gingrich)

인내는 거창한 각오보다 지친 오늘 한 발을 더 내딛는 실천이다. 열정은 타오르고 사라지지만, 지속은 습관과 설계로 남는다.

Perseverance is the hard work you do after
you get tired of doing the hard work you
already did.

**I've missed more than 9,000 shots in my career.
I've lost almost 300 games.
Twenty-six times, I've been trusted
to take the game-winning shot and missed.
I've failed over and over and over again in my
life. And that is why I succeed.**

나는 내 경기에서 9,000번 이상 슛을 놓쳤다.
나는 거의 300번의 경기를 졌다.
26번이나 결정적인 슛을 맡았지만 실패했다.
나는 인생에서 계속해서 실패했고, 그래서 성공했다.

마이클 조던(Michael Jordan)

실패는 멈춤이 아니라 연습이다. 넘어졌다면, 다시 뛸 이유가 하나 더 생긴 것이다. 계속 나아
가는 자가 결국 결승선을 지난다.

; Everything happens for a reason

내가 처음 대학에 들어갔을 때 가장 놀랐던 것은 바로 부의 격차였다. 고만고만하게 살던 지방을 벗어나 서울에 오니, 나는 TV에서만 봤던 아파트에서 살고 있는 동기들을 만나게 됐다. 내가 상상할 수도 없는 금액의 아파트에서 살고 있는 사람들이 실제로 눈앞에서 돌아다니고 있었다. 나는 대학에 입학하고서야 처음 강남이라는 곳이 대한민국에서 어떤 의미를 갖는지 인지했는데, 그래도 그 당시에는 그런 것들이 크게 와 닿지는 않았었다.

대학교 입학식이 얼마 남지 않은 2월 말이었다. OT에 가서 처음으로 사귀게 된 마음이 맞는 동기들과 만나기로 약속했다. 강남에 살고 있다던 그 친구들과 어디에서 만날까 고민하다가 나는 당연히 서울도 내가 사는 대전처럼 기차에서 내리는 곳이 서울에서 가장 좋은 곳이겠거니 추측했고, 서울역에서 만나 모임을 갖자고 제안했다. 그러자 그 친구들이 자신들은 강남 이외의 지역에는 거의 가본 적이 없는 서울 촌놈이라며 코엑스에서 만나자고 했다. 그때 코엑스라는 곳을 처음 가보고 느꼈던 이질감은 마음속 가시가 되어 대학 시절 내내 조금씩 나를 쿡쿡 찔러댔다.

그러다가 3학년이 되면서 서서히 그 가시가 커지더니, 특히나 영어와 관련해서는 나를 더 아프게 찔러댔다. 이를테면 말로만 듣던 강남 8학군에서 영어유치원을 나오고, 초등학교 때는 뉴질랜드 유학을 거쳤으며, 원래 예체능을 준비하다가 중도에 일반계로 전향했다는 한 동기가 있었다. 그 동기에게는, 내가 덜덜 떨면서 스크립트를 하나하나 암기해야만 간신히 할 수 있었던 영어 발표가 하루 정도 간단히 연습하면 되는 수많은 과제 중 하나라는 걸 알게 된 것이다.

그 상대적 박탈감은 쉽사리 지워지지 않았다. 영어라고는 토익 점수밖에 없는 내게 그 친구들이 참여하는 영어 토론 수업은 내가 신청할 수조차 없는 것이었다. 이런 마음을 대놓고 드러낼 수는 없었지만 엇비슷한 수능 점수를 받고 학교에 들어왔다는 것이 무색할 정도로, 대학 시절의 '영어'는 그 친구들과 내가 사는 세계를 분리했다.

본격적으로 취업을 준비하는 4학년이 되면서부터 그 세상은 더 달라지기 시작했다. 당시 미국인 자체를 몇 번 본 적 없던 나로서는 엄두도 낼 수 없었던, 미국 인턴을 도전하는 친구의 옆모습을 물끄러미 보고 있노라면 설명할 수 없는 마음의 짐이 느껴졌다. 그 마음의 짐은 친구를 향한 단순한 부러움 때문은 아니었다. 내가 원하는 모든 구인 공고에는 '영어 능통자 우대'가 안내 문구처럼 붙어 있었다. 그나마 영업직에 지원할 때는 조금 덜한 편이었다. 마케팅, 금융권, 외국계 회사 모두 자유로운 의사소통이 가능한 수준의 영어 구사 능력을 요구했다.

한번은 간신히 서류에 붙어 면접 스터디에 갔더니 모두 유학생이었던 까닭에 그들의 영어 모의면접 PT에는 참석할 수 없었던 적도 있었다. 그들이 나에게 "더 이상 나오지 마세요"라고 한 것은 아니었지만 나 혼자 지레 겁을 먹고 피해버린 것이다. 그날 면접에 참석하지 않기로 결정하고 할 일 없이 동네를 걷다가 문득 이렇게 피하기만 해서는 아무것도 할 수 없겠다는 두려움이 엄습했다. 나름대로 대학 졸업을 앞두고 있고, 토익과 스피킹 시험에서 자신 있게 내놓을 만한 점수도 있었다. 영어를 아예 못한다고는 할 수 없지만 그렇다고 능통하다고도 할 수 없는 반쪽짜리 실력이었다.

나는 그때 아주 분명하게 알게 되었다. 누군가가 살고 있는 세상에서 '영어'는 우리가 한국어를 하듯 '기본적인 조건'이었다. 그들은 영어로 된 정보로 일을 하고, 돈을 벌고, 경험을 쌓고 그로 인해 얻어진 인맥들로 사업을 확장시켰다. 그들의 성공 스토리와 도전의 길목에서 보여준 기승전결마다 영어는 숨 쉬듯 자연스러운 것이었다. 물론 내게도 예외는 없었다. 내가 조금 더 좋은 기회를 잡으려고 시도할 때마다 부딪히는, 보이지는 않지만 분명히 존재하는 유리벽이 내게 묻고 있었다.

"너, 그래서 영어 할 줄 알아?"

누군가는 내가 능력에 비해 과한 욕심을 부렸다고 생각할 수도 있다. 조금만 눈을 낮추면 영어가 없어도 다른 기회를 잡을 수 있는데도 분에 넘치는 직업을 고집하는 바람에 이런 일을 겪었다고 말할 수도 있을 것이다. 하지만 나는 왠지 포기하고 싶지 않았다. 오기가 생겼다.

그때 나는 처음으로 내가 살아온 환경에 대해 진지하게 생각했다.

ADHD를 갖고 태어나 온갖 정서 장애와 학습 장애까지 겪고 있다. 또 집안 환경도 그다지 좋지 못했으며, 통제력, 자제력이라고는 없어 생활을 단정하게 정리하지 못한다. 게다가 충동성도 주체하지 못해 눈이 돌면 폭발적으로 나 자신과 다른 이들을 공격하기 일쑤였다. 대학교에는 입학했지만 나의 모든 출신 환경까지 바뀐 것은 아니었다.

같은 학교에 다닌다고 해서 똑같은 사람이 아니었다. 졸업 후에 그들과 나의 모습은 천차만별일 텐데, 격차를 느꼈다고 해서 내가 꿈조차 꾸지 못할 이유는 어디에도 없었다. 그럼에도 불구하고 나는 한번 해보고 싶었다. 내가 어디까지 할 수 있을지는 알 수 없었다. '수업 시간에 무조건 깨어 있기'부터 시작했던 고등학교 때와 마찬가지로 아무것도 정해진 것은 없었다. 그때 문득 나는 어차피 여기까지 온 것도 내게 과분한 것이라는 생각이 들었다. 실패한다고 해도 크게 후회되지 않을 것 같았다. 그저 단 한 번이라도 대학 생활 내내 나를 쿡쿡 찌르던 그 가시를 빼보고 싶었다.

마음을 다잡고 나니, 문득 내가 살아오면서 겪었던 고생들이 마냥 불행한 것만은 아니었다는 생각이 들었다. 오히려 그 모든 것들이 내게 운처럼 작용한 게 아닐까 싶었다. ADHD로 인해 어릴 때부터 악다구니를 쓰며 몰입과 주의력 결핍 상태를 반복하며 살아온 것. 감정 기복이 심해 수없이 무너졌지만, 그때마다 다시 일어나려고 몸부림쳤던 것. 하루하루를 계획표에 의지해 버려온 습관. 강박처럼 성취감을 찾아야 했던 나의 성향. 이런 것들이 결국 나를 포기하지 않는 사람으로 만들었고, 이번에도 마찬가지였다.

그렇게 생각하니 내 삶의 굴곡조차도 일종의 '운'처럼 느껴졌다. 애초에 나는 운이 좋은 사람이 아니었다고 생각했는데, 인생의 흐름은 반드시 그렇지 않을 수도 있다고 이야기해주고 있었다. 그렇다면 앞으로 남은 것은 단 하나였다. 기회를 놓치지 않고 끝까지 가보는 것. 어차피 더 잃을 것도 없었다. 스스로 기회를 만들어내야 했다.

;

내가 그토록 벗어나고 싶었던 지난 시간들이 오히려 내게 원동력이 되어주었다는 사실을 지금은 받아들인다. 내가 그동안 아무런 어려움 없이 살았다면 이렇게까지 이를 악물고 도전할 수 있었을까? 만약 환경이 더 나았더라면, 조금 더 유복한 가정에서 태어났다면 과연 나는 이렇게까지 절박하게 살았을까? 아마도 그렇지 않았을 것이다. 오히려 내게 주어진 것들이 부족했기 때문에, 그 부족함을 채우기 위해서라도 더 간절하게 움직일 수 있었던 것이다. 살면서 어려운 일을 겪어야 할 때, 내가 가진 것이 못마땅하고 부족하게 느껴질 때 오히려 그것이 삶의 기회가 될 수 있음을 느껴보길 바란다.

雲濃則雨至.
(운농즉우지)

구름이 짙으면 비가 온다.

중국 격언

- -

When the clouds grow thick and dark,
A storm is coming, and the rain will fall.
When the darkest night arrives,
It is a sign that the morning is not far away.

구름이 짙고 어두워지면,
폭풍이 다가오고, 결국에는 비가 내린다.
가장 어두운 밤이 오면,
그것은 아침이 멀지 않았다는 신호다.

고난이 극에 달하면 반드시 변화가 찾아온다.

The pessimist sees difficulty
in every opportunity.
The optimist sees opportunity
in every difficulty.

비관주의자는 모든 기회에서 어려움을 본다.
낙관주의자는 모든 어려움에서 기회를 본다.

윈스턴 처칠(Winston Churchill)

시련은 같은 얼굴을 하고 나타나도 누군가에겐 벽이고, 누군가에겐 계단이다. 무엇으로 볼지
는 내 몫이다.

The pessimist sees difficulty in every opportunity.
The optimist sees opportunity in every difficulty.

Your current situation is
a result of past decisions
and your future depends on
what you do now.

당신의 현재 상황은 과거의 결정들로 인한 것이며,
당신의 미래는 지금 무엇을 하느냐에 달려 있다.

짐 론(Jim Rohn)

현재는 과거 누적의 결과이며, 미래는 지금의 선택으로 만들어진다. 현재의 고통은 미래의
보상을 위한 투자가 될 수 있다.

Your current situation is a result of past decisions and your future depends on what you do now.

Anything that works for my good is beneficial to me.

내게 일어난 모든 것들은 결국 내게 유익하다.

서양 격언

지금은 흐릿해도 시간이 지나면 퍼즐처럼 맞춰질 것이다. 오늘 겪는 혼란도 언젠가 내 길의
일부가 된다.

Anything that works for my good is beneficial to me.

Man is condemned to be free;
because once thrown into the world,
he is responsible for everything he does.

인간은 자유롭도록 선고받았다.
왜냐하면 한번 세상에 던져지면,
그는 자신이 하는 모든 일에 책임을 져야 하기 때문이다.

장 폴 사르트르(Jean-Paul Sartre)

기회를 잡는 것도, 피하는 것도, 또 그것에 맞서는 것도 모두 우리의 결정이고 책임이라는
것을 알려주는 사르트르의 말은 항상 내게 울림을 준다.

Man is condemned to be free;
because once thrown into the world, he is
responsible for everything he does.

I am the master of my fate,
I am the captain of my soul.

나는 내 운명의 주인,
나는 내 영혼의 선장이다.

윌리엄 어니스트 헨리(William Ernest Henley), 〈불굴(Invictus)〉

가장 깊은 어둠 속에서도 나침반은 내 안에 있다. 고통이 커도 방향은 내가 정한다. 삶은 여전히 내 손 안에 있다.

I am the master of my fate,

I am the captain of my soul.

Heaven helps those who help themselves.

하늘은 스스로 돕는 자를 돕는다.

서양 속담

하늘은 스스로 노력하는 자를 돕는다. 완벽한 순간은 오지 않는다. 내가 준비되면 그 순간이
기회로 보일 것이다.

Heaven helps those who help themselves.

天上之和.
(천상지화)

하늘 위의 조화.

- -

When heaven permits,

And earth takes care,

When you put in the effort,

The universe moves.

하늘이 허락하고,
땅이 돌봐주며,
네가 노력할 때,
우주가 움직인다.

하늘과 땅의 이치를 잘 따르고, 자신의 노력을 기울일 때 성공을 거두게 된다는 의미다. 자연과 질서의 균형, 우주의 조화로운 상태를 이해하고 추구하는 것이 인간의 삶에서 중요하다는 주역의 가르침을 반영하는 말이다.

Everything happens for a reason.

모든 것은 이유가 있어서 일어난다.

서양 격언

우리가 태어나서 지금까지 겪은 모든 일들은 나중을 위한 의미 있는 경험들이라고 생각해
보자. 절대 그렇지 않아 보여도, 알고 보면 반드시 의미가 있다.

"

"

Everything happens for a reason.

Success is not final, failure is not fatal.
It is the courage to continue that counts.

성공은 끝이 아니며, 실패는 치명적이지 않다.
중요한 것은 계속 나아갈 용기다.

윈스턴 처칠

용기란 두려움이 없는 마음이 아니라, 떨리는 심장으로도 한 발 내딛는 행동이다. 계속 가는
자가 결국 이긴다.

Success is not final, failure is not fatal.

It is the courage to continue that counts.

PART

3

EFFORT is
What You Make

노력하고 행동하다

人 (인)

조급함은
인생 최대의 적

내가 대학에 입학했던 때로 다시 돌아가보려 한다. 다가올 스무 살에 어느 때보다 가슴이 설레었고 그 어떤 것도 해낼 수 있을 것만 같았다. 하지만 모든 것이 외부적으로 통제된 고등학교와 오롯이 내의지력으로 통제해야 하는 대학 생활은 생각했던 것과는 완전히 달랐다. 고등학교 때 2년의 시간만으로는 내가 가진 ADHD와 낮은 자존감을 완전히 치료할 수는 없었다. 그렇기에 대학교를 다니면서 스스로 아침에 일어나 학교를 가고, 수업 시간표를 짜고, 학점을 챙기며 생활해야 한다는 것은 여전히 내게는 힘든 일이었다.

결국 나는 입학과는 별개로 학교에서도 적응을 하지 못했고 만족할 만한 성적도 받지 못했다. 물론 성적만 불량한 것이 아니었고, 생활 태도 역시 무절제와 게으름으로 가득했다. 성인이 되고 나서의 내 ADHD 양상은 그 모습을 여우처럼 바꿨다. 십 대 시절처럼 대놓고 주의 집중에 어려움을 겪어 수업 시간에 딴짓을 한다든지, 쉽게 지루해한다든지, 또는 폭발적인 감정 표현으로 주변인들과 갈등을 빚는 일은 잦아들었지만 더 교묘하게 내 생활을 잠식하고 있었다.

나는 여전히 시간 관리 면에서 체계적이지 못했고, 이따금씩 무절제하게 폭음과 폭식을 하며 나태한 생활의 늪에 빠지기도 했다. 하지만 대학 생활에서 내가 다른 사람과 다르며 결정적으로 가장 크게 문제가 있다고 느꼈던 부분은 바로 문서 작업에 크게 서툴다는 사실이었다. 이것은 생각보다 많은 것을 시사하고 있었다. 대학교에서 작성하고 제출해야 하는 리포트는 그 형식과 작성 과정이, 고등학교 때 종종 제출하던 독후감이나 공책에 빽빽하게 써 내려가는 필기하고는 전혀 다른 종류의 것이었다.

주의력이 결핍되어 있다 보니, 조별 과제 같은 것을 할 때 조장이나 교수님의 지시를 항상 놓쳤다. 시간 관리에 있어서는 지진아나 마찬가지니, 마감 시간을 제때 지키는 일도 거의 없었다. 또 체계성이라고는 없으니, 문서를 작업하려고 워드나 PPT를 켜면 한참 동안 어디서부터 어떻게 시작해야 할지 알 수 없어 막막해했다. 한 페이지를 작업하는 데에도 꽤 공수를 들여야 했다. 시작도 하기 전에 MS 오피스의 그 하얀 화면이 쳐다보기도 싫었다.

한번 마음을 먹고 컴퓨터를 켠 뒤에도 한참 인터넷 쇼핑을 하거나 영화 시청 사이트를 들락거렸다. 현재 진행 중인 즐거운 활동을 멈추고 보다 중요하고 시급한 과업으로 전환하지 못하는 성인 ADHD 환자의 전형적인 모습으로, 거의 대부분의 대학 생활을 보냈다. 1년 내내 한 권의 노트로 모든 과목의 수업을 들었고, 시험을 어떻게 보든 상관없이 출석으로 주는 C+ 정도가 내가 받을 수 있는 최고 점수인 수업이 한두 개가 아니었다. 이렇다 보니 학점은 늘 바닥을 쳤고 자격지심은 점점 더 커져만 갔다.

1~2학년을 이렇게 허투로 보내고 3학년이 되자 또다시 급격히 불안해지기 시작했다. 이때의 자격지심과 불안은 나를 더 무기력에 빠뜨렸다. 이때부터 급격하게 심해진 무기력은 지금까지도 내가 가장 경계하는 것 중 하나일 정도로 내 생활을 파괴했다. 항상 머리가 무겁고 자신감이 없었다. 아침마다 소가 도살장에 끌려가는 기분으로 학교 가는 길을 나섰다. 그 어떤 것도 내가 주체적으로, 자발적으로 하지 못했다. 그러니 그 무엇을 해도 성과가 좋지 않은 것

은 당연한 결과였다.

하지만 고등학교 2학년 때 그랬듯 더 이상 내게는 늦장 부릴 여유가 없었다. 곧 졸업반이었고 이제는 먹고사는 문제를 위해 무엇이라도 해봐야 했다. 그리고 그 '무엇'은 언제나 '영어'였다. 항상 물에 젖은 솜과 같은 무기력을 달고 학교에 갔지만, 그럼에도 방과후엔 꾸역꾸역 토익과 스피킹 시험 공부를 했다. 무조건 매일 스터디룸을 예약하거나 한 달에 한 번 의무적으로 돈을 내고 시험을 등록하는 방법으로 강제성을 부여해, 내가 할 수 있는 선에서 최대한 시간을 관리했다. 다행히도 고등학교 때 축적했던 방법이 있어서 조금은 수월하게 다시 계획적인 생활을 시작할 수 있었다.

그런데 생각지도 못하게 나를 다시 한 번 무기력에 빠뜨린 의외의 다른 요소가 있었다. 처음에는 단순히 '꾸준히 하면 되겠지'라고 생각했다. 하지만 시간이 지날수록 머릿속에서 끊임없이 불안이 고개를 들었다. '이렇게 한다고 정말 될까?' 토익을 공부하면서도 머릿속에는 '어차피 이 점수로는 어디 지원도 못 해'라는 부정적인 생각이 들었고, 스피킹을 연습하면서도 '어차피 나보다 잘하는 애들이 널렸어'라는 목소리가 나를 옭아맸다. 영어 실력이 좀처럼 눈에 띄게 늘지 않으니 초조함은 더 커졌고, 결과가 보이지 않는다는 이유로 점점 속도를 높였다. 조급해진 나머지 무작정 더 많은 문제를 풀고, 더 많은 단어를 외우고, 더 많은 시간을 투자해야 한다고 생각을 하니 엄두가 나지 않았다.

결국 공부를 미루는 일이 반복됐다. '이 정도 해서는 안 될 것 같다'는 지레짐작으로 공부 방식을 바꾸고, 방향을 바꿨다. 왠지 이 책이 더 좋을 것 같고, 저 강의가 더 도움 될 것 같고, 이 문제집이 더 최신 트렌드에 맞는 것 같고…. 결과적으로 중요한 건 예전의 내 주간 계획표처럼 어쨌든 '실행하는' 것이었는데, 나는 자꾸 딴길로 새고 있었다. 다시 공부해야 한다는 건 알지만, 이제는 책을 펼치는 것조차 두려웠다. 조급함이 극에 달하자 오히려 아무것도 손에 잡히지 않았다. 모든 걸 단번에 해결해야 한다는 압박감이 나를 짓눌렀고, 나는 점점 더 작아졌다. 자꾸 쉬운 방법이 없을까 찾아보는 나 자신에 대한 혐오감은 말할 것도 없었다.

그렇다고 포기할 수도 없었다. 나는 어쨌든 앞으로 나아가야 했다. 결국 이 조급함에서 벗어나는 유일한 방법은, 늪에 빠져 걷는 것 같은 기분을 견디며 한발 한발 내딛는 것뿐이었다.

특히 내가 돌파구처럼 집중했던 부분은 바로 리스닝이었다. 말이야 어떻게 외워서 한다고 하지만, 자신의 속도로 떠드는 원어민 앞에서 알아듣지 못하는 패닉이 가장 큰 문제였다. 듣는 게 안 되니 아무리 스피킹을 연습해도, 단어를 외워도, 반쪽짜리 영어였다. 그때 CNN 기사를 모아놓은 오디오북 책 한 권을 샀다. 내용도 나름대로 흥미로웠지만, 그보다도 '소리 인지력'을 키우는 데 집중하려 했다. 그 과정에서 깨달은 게 하나 있었다. 소리의 속도를 따라가려면 결국 '해석 속도'가 받쳐줘야 한다는 것. 듣는 건 곧 읽는 것이고, 읽는 건 곧 이해하는 거였다.

그래서 리딩 훈련도 병행했다. 그러자 점차 나만의 공부 포인트가 생기고 토익의 리스닝 파트가 느리게 말하는 것처럼 들리기 시작했다. 그리고 신기하게도, 리스닝이 되자 어느 순간부터 진짜로 '인풋'이 되기 시작했다. 말도 자연스럽게 나왔고, 표현도 몸에 더 잘 밴다는 느낌이 들었다. 실력이 '조금씩'이 아니라, '훅' 하고 늘어났던 그 순간을 나는 아직도 기억한다. 조급함 속에서도 버티며 걸어온 그 시간들 속에서 내가 그나마 잘했다고 여기는 것은 '내가 무엇을 해야 할지' 정확히 찾은 것이었다.

;

조급해지면 오히려 더 느리게 간다. 이유는 간단하다. 조급함은 더 많은 에너지를 소
모하게 만들고, 결국 지치게 하기 때문이다. 머리카락이 자라는 속도를 조절할 수 없
듯이 어떤 일이든 시작되면 거쳐야 하는 절대적인 시간이 있다. 중요한 건 그 시간을
어떻게 채우느냐다. 밀도 있게 집중해서 보내야 할 때 조급함은 오히려 그걸 방해한
다. 그래서 비효율적이다. 중요한 건 속도가 아니고, 밀도다.

Never discourage anyone who continually makes progress, no matter how slow.

아무리 느리더라도 계속해서 나아가는 사람을 절대 낙담시키지 마라.

플라톤(Plato), 《국가론(The Republic)》

속도보다 중요한 것은 꾸준함이다. 사람마다 성장의 속도는 다를 수 있지만, 중요한 건 멈추지 않고 계속 나아가는 힘이다. 느리더라도 계속 걷는 사람은 결국 도달할 수 있다. 남들과 비교하고 평가하는 대신 자신만의 리듬과 여정을 찾는 것이 중요한 이유다.

Never discourage anyone who continually makes progress, no matter how slow.

Adopt the pace of nature:
her secret is patience.

자연의 속도를 따르라.
그녀의 비밀은 인내에 있다.

랄프 왈도 에머슨(Ralph Waldo Emerson)

시간의 힘을 믿자. 조급한 마음은 길을 잃게 만든다.

Adopt the pace of nature: her secret is patience.

行百里者半九十.
(행백리자반구십)

백 리를 가는 사람은 아흔 리에 이르러서야 절반을 간 것이다.

《전국책(戰國策)》

The last thing a man should do is to give up.

마지막까지 해서는 안 되는 일은 포기하는 것이다.

서양 격언

자신이 선택한 길을 끝까지 가야 한다. 힘든 순간 포기하지 않는 것도 지혜다.

The last thing a man should do is to give up.

欲速則不達.
(욕속즉부달)

급하면 오히려 도달하지 못한다.
《논어》

The nearer a man comes to a calm mind,
the closer he is to strength.

마음의 평온에 가까워질수록 그는 더 강해진다.

마르쿠스 아우렐리우스

조급하게 서두르면 오히려 실수하고 원하는 목표에 도달하지 못할 수 있다는 말이다.

The nearer a man comes to a calm mind, the closer he is to strength.

物有本末, 事有終始, 知所先後, 則近道.
(물유본말, 사유종시, 지소선후, 즉근도)

모든 사물에는 근본과 말단이 있고, 모든 일에는 시작과 끝이 있다.
무엇을 먼저 하고 나중에 할지 알면 도(道)에 가까워진다.

《대학(大學)》

Efficiency is doing things right,

effectiveness is doing the right things.

효율성은 일을 올바르게 수행하는 것이고,
효과성은 올바른 일을 수행하는 것이다.

피터 드러커(Peter Drucker)

무작정 노력하는 것이 아니라 우선순위를 정하고, 중요한 것부터 실행하는 전략적인 노력
이 필요하다는 뜻이다.

Efficiency is doing things right, effectiveness is doing the right things.

It is not that we have a short time to live, but that we waste a lot of it.

살아갈 시간이 짧은 게 아니라,
우리가 그 시간을 낭비하고 있는 것이다.

세네카

우리는 항상 시간이 모자란다고 불평하면서, 마치 시간이 무한정 있는 것처럼 낭비한다. 내일은 계속 반복되지만, 결국 아무것도 하지 않으면 시간만 허비된다는 의미다.

It is not that we have a short time to live,
but that we waste a lot of it.

He who wishes to grow
should not expect a tree to rise overnight.

성장하고자 하는 사람은
나무가 하룻밤 사이에 자라기를 기대해서는 안 된다.

프리드리히 니체

니체의 말을 현대적으로 풀어낸 문장이다. 나무는 하룻밤 새에 자라지 않는다. 나무가 하늘
높이 자라기 위해서는 그 뿌리가 땅속 깊이 내려가야 하듯이, 우리도 성장하기 위해서는
기다림의 시간이 필요하다.

He who wishes to grow should not expect a tree to rise overnight.

Festina lente.

Hurry at a slow pace.

서두르되 천천히 하라.

아우구스투스(Augustus, 라틴어 격언)

속도를 줄이면 방향을 더 잘 볼 수 있다. 즉 급할수록 더욱 신중함이 중요하다.

Festina lente.

Hurry at a slow pace.

All of humanity's problems stem from man's inability to sit quietly in a room alone.

인류의 모든 문제는 사람이
조용히 방에 앉아 있지 못하는 데서 비롯된다.

블레즈 파스칼(Blaise Pascal)

사람은 혼자 있는 것, 내면의 상태를 직면하는 것을 두려워한다. 하지만 급하게 서두르다 보면 진짜 중요한 진실을 보지 못할 수 있다. 진짜 해답은 자신 안의 고요한 방에서 시작된다.

“

”

All of humanity's problems stem from man's inability to sit quietly in a room alone.

Everything is hard before it is easy.

모든 것은 쉬워지기 전에 어렵다.

요한 볼프강 폰 괴테

어떤 일이든 처음에는 어렵지만, 꾸준한 노력과 연습을 하다 보면 점차 쉬워질 수 있다. 어려움을 극복해야 성장할 수 있다는 것, 지속적인 노력과 인내의 중요함을 강조한 말이다.

Everything is hard before it is easy.

‘완벽한 때’는
영원히 오지 않는다

내 마음속에 가시가 있었듯, 모든 이들의 마음속에도 그 무언가가 있다. 그 무언가는 바로 한 번쯤은 자신을 둘러싸고 있는 알을 깨고 세상 밖으로 나가고 싶은 용기의 씨앗이다.

2012년 여름, 불면증에 시달리던 나는 그날도 잠 한숨 자지 못한 채 아침에 무거운 눈을 떴다. 집에서 백수처럼 뒹군 지도 이미 6개월이나 지났다. 힘든 대학 시절을 지나 우여곡절 끝에 대학을 졸업하고, 힘들게 나 자신을 채찍질하며 영어 공부를 하고, 면접과 인터뷰를 통과해 마침내 대기업에 입사했다. 드디어 나도 어엿한 직장인으로서 사회생활을 시작할 수 있겠구나 생각했다. 하지만 조직 생활이라는 것은 또 학교 생활과는 비교가 되지 않는 규칙과 규율로 정교하게 짜여진 세계였다. 회사는 나 하나가 수행 평가를 제출하지 않으면 점수를 안 받고 마는 그런 종류의 것이 아니었다.

철저하게 조직의 한 부분이 되어 다른 이들과 톱니바퀴처럼 함께 맞물려 돌아가야 하고, 내가 함께 돌아가기를 멈추면 나와 맞물린 톱니바퀴들 역시 멈춤을 의미했다. 매 순간 단 한 치의 오차도 없이 움직여야 하는 그런 상황을, 아침에 일어나 제시간에 출근하는 것조차 어려운 중증 ADHD 환자인 내가 감당할 수 있을 리 없었다. 직장 생활은 실수투성이었고, 자주 오해와 지적을 받았으며, 스트레스 역시 극에 달했다. 왜 내 인생은 이렇게 늘 힘들기만 할까?

학창 시절에는 그저 내 앞가림하며 적은 월급이나마 받는 역할을 한다면, 즉 그렇게 평범해질 수 있다면 성공한 인생이라고 생각한 적이 있었다. 회사에 입사할 때만 해도 다시 잘될 것이라 여겼는데…. 결국 짧은 회사 생활을 마무리한 나는 마지막 퇴근을 하던 그날 광화문의 조용한 거리를 걸어 내려오면서 완전히 길을 잃었다. 처음으로 학교도 회사도 없이 오직 나라는 존재만 오롯이 남아 있었다. 두려움과 공허함이 뒤섞였다. 대기업에 합격했었다는 알량한 자부심만 남은 채 어느 것 하나에 마음을 붙이지 못하고 부유물처럼 이리

저리 떠돌았다.

그러던 어느 날, 정말 우연히도 아는 분을 통해 충북의 어느 고등학교에서 하는 영어 여름 캠프에 강사로 참여해보지 않겠냐는 제안을 받았다. 미리 정해진 강사가 사정상 갑자기 나오지 못하게 된 것이다. 하루 종일 이불 속에서 꾸물거리는 백수 생활도 진저리가 난 터였기에, 바로 그 제안을 받아들였다. 이때까지만 해도 영어를 가르치는 데 크게 뜻이 있지는 않았다. 다만 학원에서 몇 번 아르바이트로 강의를 해본 경험과 공인 영어 성적이 있었기에, 기본은 하지 않을까 싶은 정도였다. 사실 정말 솔직한 마음으로는 자신이 있었다기보다 밀린 핸드폰 요금이나 정리하고자 하는 마음에서 참여한 일이었다.

3주간 하루 10시간씩 진행하는 영어 캠프였고, 특성화 학교였기에 고등학생들이지만 취업을 위한 토익 점수가 필요하다고 했다. 차로 한참을 가 도착한 학교. 교실 문을 열고 들어가자 남녀 학생이 각각 다른 분단에 자리를 잡고 줄을 지어 앉아 있었다. 어린 학생들이 모인 교실에서 나는 특유의 호르몬 냄새에 살짝 현기증이 나고 오감이 또다시 예민해지는 것을 느끼며, 교탁에 있는 모의 토익 테스트 점수를 살펴보았다. 평균적으로 100~300점대였다. 사실상 전부 찍은 수준이나 다름없었다. 갑자기 이 아이들과 어떻게 3주를 보낼지 막막함이 밀려왔다. 교실에 들어오기 전 간단하게 학생들에 대한 정보를 전달받았지만 이 정도일 줄은 미처 생각지 못했었다.

대학 진학이 아니라 취업을 목표로 하는 고등학생들. 내가 구태여 길게 설명하지 않아도 그들의 영어 실력을 짐작할 수 있을 것이다. 아이들의 기초가 전무한 데서 오는 막막함도 잠시, 본격적으로 수업을 시작하자 앞으로 10시간 동안 수업에 집중해야 하는 나 자신에 대해서도 막막함이 밀려들었다. 강의 중에 흐름을 잃지 않도록 계속 집중해야 했고, 수첩에는 '출석 부르기·핸드아웃 나눠주기·숙제 검사하기·불 끄기' 등등 일련의 해야 할 일들을 아주 사소한 것까지 순서대로 수첩에 적어놓고 O, X로 표시를 해야만 제대로 업무를 수행할 수 있었다. 특히 저녁 시간 후 과제를 감독하는 시간이 되면, 급격히 체력이 떨어지면서 쏟아지는 졸음과 함께 내가 지금 어디서 무엇을 하는지도 모를 정도로 의식에 균열이 생겼다.

그렇게 수업 3일째 되는 날이었다. 한 여학생이 조용히 다가오더니 내게 '동생 밥'을 차려주러 가야 한다며 6시 이후의 야간 수업을 빠져도 되냐고 물었다. '동생 밥'이라는 생경한 표현에 조금 놀랐지만, 당시 나 역시 지쳐 있었고 그 학생이 오늘 수업을 빠지든 말든 나와는 크게 상관없는 일이었기에 그저 알겠다고만 대답하고 더 이상 묻지 않았다. 그런데 그때 학생이 덧붙인 말이 나의 시선을 다시 사로잡았다.

"선생님 수업은 조금도 놓치는 것이 아까워서 그러는데요. 혹시 제 친구에게 녹음을 부탁해도 될까요?"

쭈뼛거리며 말하는 그 수줍은 눈에는 단호한 간절함이 배어 있었다. 순간 내 마음속에서도 작게나마 알 수 없는 동요가 일렁였고, 나는 애써 내색하지 않은 채 녹음을 허락했다. 단 한 번도 내 수업이 이 아이들에게 이토록 중요한 일일 거라고는 생각하지 못했었다. 그저 학교에서 강제로 시키니까 이 아이들도 소 도살장 끌려가듯 억지로 나와 앉아 있는 것이라고 생각했다. 모두들 책상 밑으로 핸드폰을 숨기고 딴짓이나 하고 있을 것이라 생각했었는데….

나는 그다음 시간에 교실에 앉아 있는 아이들의 모습을 하나하나 자세히 둘러봤다. 그 누구도 자는 사람이 없었고, 모두 나만을 뚫어지게 바라보고 있었다. 그 눈빛들을 이제야 알아차린 것이 신기할 정도였다.

특성화 고등학교는 말 그대로 대학 진학이 아닌 취업에 특화된 학교다. 이 아이들은 지금 당장 먹고사는 문제가 달린 일 때문에 내 수업을 듣고 있는 것이었다. 그 여학생의 말에 일렁이던 마음의 동요가 점점 커지더니 갑작스레 나를 파도처럼 덮쳤다. 또 한 번 대단치 않게 내 인생의 변화가 시작된 것이다.

지금 이 교실에는 30명의 아이들이 열여덟 살의 내가 품었던 간절한 마음으로 지금의 나를 바라보고 있었다. '동생 밥'을 차려주러 가야 할 정도로 부모님이 맞벌이를 하느라 바빠 영어 공부에 신경 써줄 여력이 없는 환경의 아이들. 영어 같은 것은 공부를 잘하는 애들이나 하는 폼 나는 것이라고만 생각했던 아이들. 하지만 당장 눈앞에서 그것을 알아듣게 가르치는 선생이 있고, 그 허들을 넘으면 지원할 수 있는 꿈의 회사가 있으니(당시 아이들이 지원하려는 회사 셀트리온의 특성화 취업 전형의 영어 점수 커트라인은 토익 700점이었다), 과거의 자신은 던져버리고 오직 나와 수업을 하는 현재에 집중하고 있었던 것이다.

과거의 내 모습이 스쳐 지나갔다. 아무런 기초가 없었던 열여덟 살 때의 내가 했던 것처럼 아이들에게 해석 연습을 시키고 단어를 암기하도록 시켰다. 그리고 야간 수업 시간 내내 줄을 세우고 한 사람도 빠짐없이 검사를 해주었다. 그때부터 시작된 그 아이들과 나의 수업. 남은 2주 반 동안 약속이나 한 듯이 우리는 서로에게 집중했다. 그러는 동안 수업을 위해 준비했던 내 수첩은 그것들을 빼놓지 않고 챙기기 위해 너무나 사소한 것들까지 적어놓아 알아볼 수 없을 정도로 까맣게 되었고, 해석 연습을 위한 아이들의 공책 역시 내 피드백을 덧붙이고 덧붙여서 연필로 까맣게 물들고 있었다.

서로의 수첩과 공책이 까맣게 되는 동안 우리는 함께 쏟아지는 졸음을 참았고, 온몸이 녹아내리는 듯한 진이 빠지는 순간들을 수없이 마주했다. 하지만 누구 하나 포기하는 사람이 없었다. 그리고 마지막 날 테스트에서 아이들의 성적은 평균 200점 이상씩 상승했다. 최고 많이 향상된 학생은 900점대를 기록하기도 했다. 그렇게 3주간의 여정을 마치고 아이들과 작별 인사를 나눈 뒤, 나는 지난 6개월의 백수 생활이 끝났음을 직감적으로 알았다.

새로운 도전은 언제나 예상치 못한 방식으로 다가온다. 처음에는 망설였고, 준비가 되지 않았다는 생각에 주저하기도 했다. 하지만 내가 그 교실에 들어선 그 순간부터 더 이상 '준비된 상태'란 중요하지 않았다. 눈앞에 주어진 상황에서 최선을 다해 발을 내딛었고, 그 과정에서 나는 내가 몰랐던 나 자신을 발견했다. 그 아이들과 함께했던 시간은 단순한 영어 수업이 아니었다. 밤늦도록 공책을 까맣게 채우며 서로의 노력이 쌓여가는 과정을 지켜보면서, 나는 목표를 향해 달려가는 것이 무엇인지 다시금 깨달았다. 처음에는 막막하고 낯설었지만, 결국 몸이 먼저 움직였고, 그 움직임 속에서 나는 성장했다. 새로운 도전은 준비된 사람만이 하는 것이 아니다. 오히려 도전 속에서 우리는 준비되어간다. 주저하는 순간에도 우리는 이미 행동하고 있고, 그 행동이 새로운 가능성을 만들어낸다.

To exist is to act.

존재한다는 것은 행동한다는 것이다.

장 폴 사르트르

사르트르의 철학적 핵심을 요약한 표현으로, 그는 인간이 본질을 선험적으로 가지고 있는 것이 아니라, 행동을 통해 스스로 만들어간다고 보았다. 나 역시 망설이다가 놓쳐버린 수많은 기회와 시간들을 떠올리면 이 단순하고 짧은 문구가 강렬하게 마음을 파고드는 것을 느낀다.

To exist is to act.

Fame, love, and fortune on my footsteps wait.

Cities and fields I walk; I penetrate

Deserts and seas remote, and passing by

Hovel and mart and palace—soon or late

I knock unbidden once at every gate.

명성, 사랑, 그리고 행운이 내 발걸음을 따라 기다린다.
나는 도시와 들판을 걷고 깊숙이 스며든다.
외딴 사막과 바다를 지나며
오두막과 시장, 그리고 궁전을 찾아가니―조금 이르거나 늦을 뿐,
나는 초대받지 않은 채 모든 문을 한 번씩 두드린다.

존 제임스 잉걸스(John James Ingalls), 〈기회(Opportunity)〉

기회는 조용히 문을 두드린다. 들을 수 있는 귀, 잡을 수 있는 손은 오랜 준비 위에 생긴다.

You must be ready to burn yourself
in your own flame;
how could you rise anew
if you have not first become ashes?

당신은 스스로를 불꽃 속에서 태울 준비가 되어 있어야 한다.
먼저 완전히 무너지지 않고서 어떻게 새롭게 다시 일어설 수 있겠는가?

프리드리히 니체

다시 태어나려면, 한 번은 무너져야 한다. 익숙함을 태워야 진짜 새벽이 열린다. 불편함을
견딘 자만이 다음 문을 연다.

You must be ready to burn yourself in your own flame; how could you rise anew if you have not first become ashes?

There is a voice inside of you

That whispers all day long,

'I feel that this is right for me,

I know that this is wrong.'

네 안에는 목소리가 있어.
하루 종일 너에게 속삭이지.
'난 느낄 수 있어, 이건 나를 위한 거야,
난 알고 있어, 이건 옳지 않은 거야.'

쉘 실버스타인(Shel Silverstein), 〈목소리(The Voice)〉

세상의 소음 속에서도, 내면의 목소리는 계속 속삭인다. 가장 중요한 답은 언제나 내 안에
있다. 들으려는 마음만 있다면.

There is a voice inside of you

That whispers all day long,

'I feel that this is right for me,

I know that this is wrong.'

Courage isn't a brilliant dash,
A daring deed in a moment's flash;
It isn't an instantaneous thing
Born of despair with a sudden spring.

용기는 빛나는 질주가 아니야.
순간 번뜩이는 대담한 일도 아니야.
단번에 솟아난 것이 아니고,
절망 속에서 튀어나온 것도 아니지.

에드거 A. 게스트, 〈용기(Courage)〉

새로운 것에 도전할 수 있는 용기는 순간적이고 충동적인 감정이 아니라, 꾸준한 행동 속에서 자라나는 것임을 알려주는 시다.

Courage isn't a brilliant dash,
A daring deed in a moment's flash:
It isn't an instantaneous thing
Born of despair with a sudden spring.

We are what we repeatedly do.
Excellence, then, is not an act, but a habit.

우리는 반복적으로 하는 것에 의해 결정된다.
따라서 탁월함은 행동이 아니라 습관이다.

윌 듀란트(Will Durant), 《철학 스토리(The Story of Philosophy)》

우리는 반복하는 것으로 빚어진다. 가끔의 번뜩임이 아니라, 매일의 자세가 나를 만든다.
습관이 곧 정체성이다.

We are what we repeatedly do.
Excellence, then, is not an act, but a habit.

If you want a thing bad enough
To go out and fight for it,
Work day and night for it,
Give up your time and your peace
and your sleep for it.

만약 네가 무엇을 간절히 원한다면,
나가서 싸우고,
밤낮으로 노력하며,
시간과 평온, 그리고 잠까지도 포기해야 한다.

버턴 브래일리(Berton Braley), 〈승리의 의지(The Will to Win)〉

진짜 간절함은 말이 아니라 몸으로 드러난다. 마음속의 불이 손끝을 움직일 때, 삶은 움직이기 시작한다.

The beginning is
the most important part of the work.

모든 위대한 일은 작은 한 걸음에서 시작된다.

플라톤, 《국가론》

큰길도 첫걸음이 있어야 열린다. 완벽하지 않아도 괜찮다. 시작하는 자가 결국 도착한다.

The beginning is the most important part of the work.

You miss 100% of the shots you don't take.

시도하지 않는 슛은 100퍼센트 놓치죠.

웨인 그레츠키(Wayne Gretzky, 전설적인 아이스하키 선수)

슛을 시도하는 행동조차 하지 않으면 일말의 가능성조차 없다는 의미다. 결과를 알기 위해서는 먼저 시도해봐야 한다는 메시지를 담고 있다. 행동하지 하지 않으면 아무것도 일어나지 않는다.

You miss 100% of the shots you don't take.

We do not act because we are ready.
we become ready by acting.

우리는 무언가를 할 수 있기에 도전하는 것이 아니다.
우리가 그것을 도전함으로써 비로소 할 수 있게 되는 것이다.

존 듀이(John Dewey), 《민주주의와 교육(Democracy and Education)》

준비는 끝나지 않는다. 하다 보면 준비가 되고, 그 과정에서 배움도 커진다. 시작은 언제나
최고의 스승이다.

We do not act because we are ready,
we become ready by acting.

지금 당장 할 수 있는 것에
집중하라

학생들을 가르치는 영어 강사 일을 시작한 이후에 나는 본격적으로 '교육업'에 뛰어들었다. 직접적으로 강의를 하는 것도 좋지만 보다 많은 학생에게 영향을 줄 수 있는 방법으로 기업이나 학교에 영어 프로그램을 강의 형태로 납품하는 교육 기획 사업을 하고자 했다. 프로그램을 짜고, 강사들을 채용하고, 학생들의 실력 향상을 추적해 거래처에 보고서를 올리는 일에 뛰어들었다. 영업부터 프로그램 기획, 강사 채용, 학생 관리 등등 잠을 못 자도록 할 일이 많았지만, 그때는 젊은 열정과 체력으로 어떻게든 버틸 수 있었다.

그러다가 사업을 시작한 지 3년차에 내 모든 것을 쏟아부어 크게 준비했던 입찰에 실패한 일이 있었다. 전혀 예상치 못한 일이었다. 돌이켜보면 비즈니스는 논리의 문제가 아니라 사람 간의 문제라는 것을 알지 못했던 내 패착이었지만, 당시 준비했던 일이 한순간에 틀어지면서 나는 완전히 무너졌다. 새벽 6시까지 잠이 오지 않았고, 어쩌다 잠이 들고는 낮 11시 즈음에서야 비몽사몽 잠에서 깼다. 천장을 보고 누워 있으면 누군가 내게 속삭이고 있었다.

"그래서 너, 앞으로 어떻게 할래?"
"너, 이대로 그냥 시간만 보내면 그냥 도태되는 거야."
"그러게 내가 뭐랬어, 회사 잘 다니랬지?"

그 속삭임은 나를 거의 반 미치게 만들 정도로 커졌고 나중에는 거의 비명처럼 느껴졌다. 그때 처음으로 유튜브를 접했다. 매우 지쳐 있던 심신의 안정을 위해 명상처럼 마음에 평온을 주는 영상을 찾아보기 위해서였다. 매일 법륜 스님의 말씀을 듣고 있자니 유튜브라는 플랫폼이 익숙해졌고, '나도 유튜브에 영상 하나 올려볼까?'라는 생각이 들었다.

학생들을 가르쳐본 경험이 있지만, 그때까지 나는 전문 강사라기보다 교육 기획자였다. 그래서 모든 영어 교육 프로그램에 참여하는 학생들의 과제와 참여도, 질의응답 등을 늘 추적했었다. 하지만 그렇기 때문에 또 학생들의 입장에서 어느 부분이 막히는지, 어떤 부분이 어렵고, 어떤 방식이 보다 효과적으로 도움이 되는지에 대한 데이터가 내 손에 들려 있었다. '내가 가진 데이터, 이걸로 뭔가를 해볼 수 있지 않을까?' 싶었고, 그래서 그것을 활용해 영상을 만들어보기로 했다.

첫 번째 영상을 만들기까지 3개월이 걸렸다. 3개월 동안 파이널 컷을 독학하면서 편집을 배웠다. 효과 하나 넣는 데 몇 시간씩 걸리고, 무엇보다 촬영이 쉽지 않았다. 혼자서 하려다 보니 말하는 것도 어색하고, 어떻게 해야 사람들한테 도움이 될지 감을 잡을 수가 없었다. 몇십 번을 촬영한 끝에 더 이상은 못하겠다 싶었고, 결국엔 맨 처음 찍은 원본을 택하게 되었다. 마음에 들어 택한 것은 아니었지만, 일단 시도부터 해야겠다고 생각했다.

그리고 이어서 영상을 또 하나 올렸으나, 시작은 늘 그렇듯 생각보다 영 반응이 없었다. 오히려 반응이 없다 보니 부담감이 사라졌고, 그냥 계속 해보기로 마음먹었다. 영어 때문에 고민하는 사람들에게 도움이 되고 싶은 마음에 시작한 일이었다. 순수 국내파가 비약적으로 영어 실력을 키울 수 있었던 방법들, 지난 내 영어 지식과 공부법

노하우와 경험들을 유튜브 영상을 통해 담아내고 정리해서 누군가에게 알려주고 싶다는 생각만 했다. 그러던 어느 날, 한 구독자가 댓글을 남겼다. "머리를 망치로 한 대 맞은 것 같아요." 단 한 줄이었다. 그런데 그 한 줄이 내게 엄청난 힘이 됐다.

앞으로 무엇을 할지 모르지만 영상을 만들어 올리면, 어떤 것이라도 되어 있을 것만 같은 작은 확신이 들었다. 어려움이 있지만 그것을 위해 쉼 없이 달려왔던 것처럼 나는 내가 할 수 있는 일을 해보기로 했다. 이후로도 꾸준히 영상을 만들었고, 하나둘씩 구독자들이 생겼고, 그러다가 기하급수적으로 구독자 수가 늘어갔다. 수많은 곳에서 나를 선생님이라고 불러주는 학생들이 생겼다. 내 덕분에 영어 공부를 하다가 예상치 못한 순간에 막혔던 부분이 저절로 해소되었다는 이야기를 듣게 되었을 때 가장 행복했던 것 같다. 그리고 지금까지 달려왔다.

처음 병원에서 ADHD 진단을 받았을 때가 생각난다. 의사 선생님으로부터 그 진단명을 들었을 때 나는 청천벽력이 아니라 오히려 다행이라는 안도감을 느꼈다. 그간 나를 괴롭혔던 가장 큰 짐은, 내 문제의 원인이 도대체 무엇인지조차 알 수 없다는 답답함이었다. 이 진단을 받고 나서야 비로소 나라는 사람의 실마리가 풀리는 기분이었다. 내가 왜 지금까지 이렇게 방황하고 힘들어 했는지 원인을 알게 되었으니 해결 방법을 찾으면 된다는 역설적인 안도감이었다.

무난하게 살아가는 사람들이 제일 부러웠던 때가 있었다. 뭐라도 제대로 해낸 성취 경험이 적어 열등감에 시달렸고, 다른 사람들과 잘 어울리며 살아가고 싶은데 그마저도 쉽지 않아 힘들었다. 삶을 돌아보면 계속해서 자존감이 깎여나가는 과정의 연속이었던 것 같다. 하지만 이제는 내 영상을 지켜봐주고 내게 도움을 청하고, 도움을 받았다며 고마워하고, 함께 동행해주는 사람들 때문에 힘을 얻는다.

여전히 ADHD는 진행형이지만, 이것 역시 나만의 방식으로 해결 방안을 찾아 적응해나가고 있다. 인생에 정답은 없듯이 언제 또 휘청거릴지 알 수 없지만, 나는 하루하루 지금 당장 내가 할 수 있는 것에 집중하며 살아갈 것이다. 그렇게 나는 오늘도 '세진쌤'으로 불리고 있다.

;

다시 말하지만, 내가 여기까지 온 건 대단한 능력이 있어서가 아니다. 단지 내 경험을 활용해 무엇인가를 반복적으로 했다는 것. 오직 그것 하나뿐이다. 처음에는 반응이 없어도, 또 성장하지 않는 것처럼 보여도 계속하다 보면 변화가 온다. 그 변화는 언젠가 생각지도 못한 순간에 찾아온다. 결국 행동이 변화를 만든 것이다. 무언가를 시작하려는 사람들에게, 그 시도 앞에서 두려워하고 있는 사람들에게 꼭 말해주고 싶다. "처음부터 잘할 필요 없어요. 지금 할 수 있는 일을 하다 보면, 결국 목표를 이루게 되어 있습니다."

君子役物, 小人役於物.
(군자역물, 소인역어물)

군자는 사물을 부리지만, 소인은 사물에 부림을 당한다.

《순자》, 〈王制篇(왕제편)〉

A wise person controls things,
but a foolish person is controlled by them.

지혜로운 자는 자신의 욕망을 다스리지만,
어리석은 자는 그것의 노예가 된다.

군자는 재물이나 권력 같은 외부 조건을 도구로 삼지만, 소인은 그 외부 조건에 이끌려 스스로를 잃는다는 뜻으로, 자신이 주체성을 가지고 스스로의 인생에 주인이 되어야 한다는 의미다.

A wise person controls things, but a foolish person is controlled by them.

If he attempts to do more things,
he will fail to achieve excellence in any.

너무 많은 일을 시도하면
그는 어느 것에서도 탁월함을 발휘하지 못할 것이다.

아리스토텔레스

선택과 집중을 하지 않으면 결국 아무것도 얻지 못할 수 있다. 너무 많은 일에 욕심을 내기
보다는 내가 할 수 있는 한 분야에 집중해 탁월함을 추구하는 것이 바람직하다는 의미다.

If he attempts to do more things, he will fail to achieve excellence in any.

道在足下.
(도재족하)

길은 발아래에 있다.

혜초(慧超)

The path you seek,
is not far away.
It begins beneath your feet—
here, now, today.

당신이 찾는 그 길은,
멀리 있지 않다.
그것은 네 발아래에서 시작된다.
오늘, 지금, 바로 여기서.

혜초는 5년간 인도와 중앙아시아 곳곳을 여행하며 불교 성지를 순례했다. 당시 여행은 전쟁, 질병, 도적, 극한의 자연환경 때문에 목숨을 걸어야 하는 일이었다. 그러나 그는 두려움에 흔들리지 않고 한 걸음씩 앞으로 나아가며 현실에 충실했다. 특히 사막을 건너는 과정에서 그는 극심한 고통을 느꼈다. 거기서 혜초는 길을 잃고 목이 타들어가는 상황에서 벗어나는 방법은 계속 걷는 것만이 유일하다는 것을 깨달았다고 한다. 진리는 먼 곳이 아니라 바로 자신의 발밑, 즉 일상과 현실 속의 실천에 달려 있다는 메시지를 담고 있다.

It is not the strongest of the species that survives,

nor the most intelligent,

but the one most adaptable to change.

생존하는 것은 가장 강한 종이 아니며,
가장 지능이 높은 종도 아니다.
변화에 가장 잘 적응하는 종이다.

찰스 다윈(Charles Darwin)

지금 할 수 있는 일을 찾아 변화에 적응하라.

It is not the strongest of the species that survives,
nor the most intelligent, but the one most
adaptable to change.

It is not our abilities that show what we truly are.
It is our choices.

진정한 모습을 보여주는 것은 우리의 능력이 아니라
우리의 선택이란다.

《해리 포터와 비밀의 방(Harry Potter and the Chamber of Secrets)》

《해리 포터와 비밀의 방》에서 덤블도어 교장이 해리 포터에게 하는 대사로, 포터가 자신이
볼드모트처럼 어둠의 마법사가 될까 봐 염려할 때, 자신이 누군인지를 결정짓는 것은 타고
난 능력이 아니라 선택에 달려 있음을 알려주고 있다. 처음부터 능력을 갖춰 시작하는 일
은 없다. 우리의 선택이 모여서 진정한 나 자신을 보여주는 법이다. 그러니 지금 당신의 인
생을 살아라.

It is not our abilities that show what we truly are.
It is our choices.

Remember then:

there is only one time that is important Now!

It is the most important time because it is the

only time when we have any power.

기억하라. 가장 중요한 시간은 오직 지금뿐이다!
그것이 중요한 이유는
우리가 영향을 미칠 수 있는 유일한 순간이기 때문이다.

레프 톨스토이

가장 중요한 시간은 바로 지금이다. 현재의 중요성을 인식하고 충실한 삶을 살기를 강조한
말이다.

Remember then:

there is only one time that is important Now!

It is the most important time because it is the

only time when we have any power.

Write it on your heart
that every day is the best day in the year.

마음에 새겨라,
매일이 한 해 중 최고의 날이라는 것을.

랄프 왈도 에머슨

현재, 오늘, 지금 이 순간이 우리 인생의 전부다. 현재가 모여서 미래를 만들기 때문이다.
매일매일 충실한 날을 살 것을 권한다.

Write it on your heart that every day is the best day in the year.

You must live in the present,
launch yourself on every wave,
find your eternity in each moment.

너는 현재에 살아야 한다.
모든 파도에 몸을 실어라.
각 순간에서 영원을 발견하라.

헨리 데이비드 소로(Henry David Thoreau)

현재를 붙잡아라. 돌아보니, 현재에 집중해 하루하루를 살아냈을 때 그 결과가 모여 또 다른 미래가 펼쳐졌다는 것을 느낀다.

You must live in the present, launch yourself on every wave, find your eternity in each moment.

Somebody said that it couldn't be done,

But he with a chuckle replied

That maybe it couldn't, but he would be one

Who wouldn't say so till he'd tried.

누군가 말했지, "그건 안 돼."
그는 웃으며 답했네.
"정말 안 될지는 모르는 일,
해보기 전엔 난 말 안 해!"

에드거 A. 게스트, 〈그건 안 돼(It Couldn't Be Done)〉

지금 내가 무엇을 할 것인지는 나 자신만이 정할 수 있다. 이것은 다른 이들도 마찬가지다.
우리는 저마다 각자의 삶이 있다.

PART 3 _ 노력하고 행동하다: 인(人)

Somebody said that it couldn't be done,
But he with a chuckle replied
That maybe it couldn't, but he would be one
Who wouldn't say so till he'd tried.

The present alone is our happiness.

오직 현재만이 우리의 행복이다.

아르투어 쇼펜하우어

행복은 도착지가 아니라 순간이다. 지금 이 감각, 이 자각 속에 이미 충분히 있다. 찾는 것이 아니라 느끼는 것이다.

The present alone is our happiness.

| 임계치에 다다르자
인생이 굴러가기 시작했다

〈오은영의 금쪽 상담소〉 출연 이후에 수많은 분들로부터 메시지를 받았다. 내 개인적인 사연을 잘 몰랐던 분들, 그저 밝고 씩씩한 영어 강사인 줄로만 알았던 사람들이 방송에 나온 내 모습을 보고 걱정해주는 한편 용기도 주고 응원도 해주었다. 그 계기로 힘을 얻어 이 책을 쓸 수 있었다. 많은 분이 듣고 싶어 하고 궁금해했던 내 이야기를 통해, 힘겨워하는 사람들에게 또 다른 용기를 주고 싶었다. 여러 가지 악조건을 가진 나도 해냈으니 여러분도 할 수 있다는 말을 전하고 싶었다.

무엇인가를 한 번쯤 해보겠다고 마음먹었다면, 그것을 해내느냐 아니냐는 오로지 본인의 선택에 달렸다. 아무것도 모를 것 같은 고등학교 1학년의 청소년도 눈앞에 자신이 넘어야 하는 목표가 정확히 보이고, 또 그것을 넘는 방법을 알려주었을 때 결코 넘기를 주저하지 않았다. 그 학생들뿐만이 아니다. 나이와 상관없이 사람이라면 누구나 한 번쯤 인생의 길목에서 저 멀리 꿈꾸던 곳으로 가고 싶을 때가 있다. 아예 엄두가 나지 않는 상황에서야 그 누구도 도전하기가 쉽지 않지만, 누군가 그 허들을 넘는 방법을 알려주면서, 자신의 어떤 부분을 인지하고 활용해야 제대로 넘을 수 있는지 말해준다면 그것을 넘지 않으려고 하는 사람은 없을 것이다.

누군가가 인생의 그러한 순간을 마주쳤을 때, 내가 그들에게 무언가를 해줄 수 있다면 그것이 바로 '영어'가 아닐까 싶었다. 나도 사회의 일원으로 누군가에게 도움이 되는 사람이 되고 싶었다. 내가 해야 하는 일은 바로 그들이 그 한 단계를 넘어갈 수 있도록 그 사람만을 위한 정교한 사다리를 만들어주는 것이었다. 내가 할 수 있는 일 중 가장 가치 있는 일이 무엇인지 한번 깨닫자 멈출 수가 없었다. 우연히 시작한 가르침의 나비 효과가 준 파장은 그렇게 컸다.

그들의 빛나는 눈 속에서 나는 그토록 손잡아주고 싶었던 열여덟 살의 나를 보았다. 그리고 나 또한, 지금 내가 가지고 있지 못하지만 진심으로 가지길 열망하는 묵묵함과 단단한 열정을 보여주는 학생들에게서 하루하루 배우고 성장해나갔다. 학생들은 내게 인생을 가르쳐주었고, 나는 그들에게 영어를 가르쳐주었다. 나와 우리 학생들은 항상 서로에게 스승이다.

유튜브를 시작하고, 영어 강사로 이름을 알리고, 좋은 기회로 《세진쌤의 바로 영어》라는 책도 써서 외국어 분야 베스트셀러 1위를 차지하기도 했다. 그렇게 영어 교육 분야에 몸담으며 많은 학생을 만나면서 나는 비로소 내 삶의 의미를 찾았다. 그리고 이것이 바로 지난 시간 동안 내가 임계치에 다다랐을 때 얻을 수 있는 것이었다.

여러분들도 각자가 '잘'할 수 있고, 지금 당장 할 수 있는 일을 찾아서 그만두지 말고 계속 실행해보길 바란다. 물이 100도씨에서 끓듯 당장은 눈앞에 성과가 보이지 않고 제자리걸음 같아도, 그 실행이 임계치에 다다랐을 때에 받게 될 선물은 상상 그 이상이 될 것이다. 내 말을 믿어봐도 좋다.

감사의 글
Special thanks to

나는 겁이 많고, 동시에 너무 솔직하다.

이 두 성격이 나란히 존재하면 삶이 복잡해진다.
겁이 많아 질문을 미루고, 솔직해서 거짓으로 버티지 못한다.
그 결과, 나는 망설였고, 망설임은 무기력이 되어 나를 오래 붙잡았다.

그 무기력을 이겨내고 이 책을 쓸 수 있었던 건,
겁이 많은 나에게 "괜찮다"고 말해준 사람들 덕분이다.
그들이 나에게 말할 용기를 주었다.

처음 본 순간부터 나를 꿰뚫어보고,
누구에게도 듣지 못했지만 내게 가장 필요했던 말을 해주셨던 오은영 박사님.

언제나 나보다 한 발 앞서 살아가며,
'사는 법'을 말이 아닌 몸으로 보여주셨던 김수영 작가님.

기획부터 초고와 수정고를 거쳐 출간까지, 때때로 어린아이 같은
나의 손을 꼭 잡고 이 책이 끝까지 완성되도록 도와주신 이혜영 팀장님.

그리고, 수많은 시간과 수백 개의 문장을 함께 견디고,
모든 자료를 나보다 더 꼼꼼히 정리해준 김동하 양에게….

이 책은 당신들이 만들어준 용기 위에 쓰였습니다.
감사합니다.

세진쌤의 필사 에세이

마음이 흔들릴 때,
바로 영어 필사

제1판 1쇄 인쇄 | 2025년 5월 15일
제1판 1쇄 발행 | 2025년 5월 28일

지은이 | 박세진
펴낸이 | 하영춘
펴낸곳 | 한국경제신문 한경BP
출판본부장 | 이선정
편집주간 | 김동욱
책임편집 | 이혜영
교정교열 | 이근일
저작권 | 박정현
홍 보 | 서은실·이여진
마케팅 | 김규형·박도현
디자인 | 이승욱·권석중
표지·본문 디자인 | 디자인 현

주 소 | 서울특별시 중구 청파로 463
기획출판팀 | 02-3604-556, 584
영업마케팅팀 | 02-3604-595, 562   FAX | 02-3604-599
H | http://bp.hankyung.com   E | bp@hankyung.com
F | www.facebook.com/hankyungbp
등 록 | 제 2-315(1967. 5. 15)

ISBN 978-89-475-0162-0 03740